KB172894

江陵 船橋莊

1940년대초에 찍은 선교장의 완벽한 모습. 지금은 헐려 버린 동진학교 · 창고 · 서별당 · 행랑채의 ㄱ자 부분 · 기타 별채들의 모습이 뚜렷하다. 그 일부는 녹음에 가려 보이지 않는다.

緣法理를배우기
古今의명堂地

江陵 船橋莊

Landscapes at Youlhwadang and Hwalrejung, Sungyojang

李起墅 글
朱明德 사진

열화당

머리말

나는 지금까지 우리 선조(先祖)께서 남기신 존귀한 유산이라고 할 만한 선교장(船橋莊)의 건물에 대하여 그 구조와 내력과 거기에 담긴 풍정(風情)을 더듬어 세상에 알리는 조그마한 작업을 해 보았다. 나의 무딘 붓과 상상의 능력이 이곳에 서린 사실들을 찾아내어 조리있게 서술하기에는 크게 미치지 못함을 알고 있으며, 더구나 한국의 고건축물(古建築物)로서의 선교장을 다루려면 건축학자나 그 계통의 전공학자가 집필함이 마땅하다는 점에서 내가 적임자가 될 수 없다고 생각했으나, 다만 선교장이라는 장원(莊園) 그 안에서 태어나, 그곳에서 자랐기 때문에 누구보다도 그 안에 서려 있는 풍취(風趣)를 잘 알 수 있을 것이라는 주위의 권고에 따라 감히 붓을 들게 되었다.

강릉으로 낙향하신 나의 7대조(諱 乃蕃)께서는 효령대군(孝寧大君)의 11세손이시고, 영의정 중첨공(仲瞻公-諱 景屮)의 6세손이시며, 동은공(東隱公) 완계군(完溪君-諱 慉)의 5세손이 되신다. 그러니, 우리 집안은 나의 7대조로부터 지금까지 9대(9대종손 康隆)를 거쳐 이 선교장 한 곳에서 살아온 것이다.

선교장은 1965년 문화공보부로부터 문화재(重要民俗資料 제5호)로 지정되면서 차차 세상에 알려지게 되었지만, 내가 과문한 탓인지는 몰라도 민간 주택으로서 선교장만한 자연환경과 내력과 구조를 갖춘 정서적인 장원(莊園)은 아직 보고 듣지 못했다. 나의 백부(諱 燉儀)께서 생존해 계실 때만 하더라도 정원을 가다듬을 수 있는 여건이 되어 있어 오히려 문화재로 지정된 지금보다도 훨씬 아름다운 장원으로서의 면모를 지녔었다. 열화당(悅話堂)의 뒷정원, 안채의 뒷산, 그리고 활래정(活來亭)의 뒤까지 연결된 이 동산 자체가 자연미를 그대로 살린 하나의 커다란 정원이었다. 나무 한 그루, 정원석 하나하나가 모두 사람의 손길에 의하여 매만져진 지금의 정원들에 비하면, 주위의 자연 환경을 살린 이곳에서는 신(神)의 뜻이 곧 인간의 마음이라는 태도를 발견할 수 있으니, 그것은 천리(天理)와 인욕(人慾)이 혼융체(渾融體)가 된다는 물아일체(物我一體)의 조화미의 경지를 찾던 사대부의 정원으로서 좋은 규범이 된다. 이것이야말로 한국적 정서(情緖)요, 한국 특유의 공간이요 정원이라고 할까.

나의 사제(舍弟)가 경영하는 출판사의 이름을 '열화당'이라 한 이유의 하나가 이러한 조상님들의 뜻이 담긴 선교장의 한 건물 이름에서 연유되었다는 점도 지니고 있다. 특히 반가운 사실은 열화당이 미술전문 출판사로서 한국의 민가(民家)에 관한 출간 기획을 하게 되어 이 책을 그 첫번째로 간행할 수 있게 되었다는 사실이다. 사라져 가는 우리의 고건축, 특히 민간 주택의 구조와 그 안에서의 조상들의 생활, 또 그것이 풍겨주는 아취(雅趣)를 간략하게나마 알리고, 또 가벼운 마음으로 선교장을 찾는 분들이 이곳의 풍정(風情)을 이해하는 데 조그마한 도움이라도 되기를 기대한다. 우리의 민간 주택 건물들이 오랜 세월을 지내오는 동안 거의 사라져 갔거나 변모되었지만, 선교장은 비교적 잘 보존되었거나 초창기의 모습으로 복원되고 있어, 당시 상류 사회의 생활 풍모나 민간 건축양식 연구에 좋은 자료가 되지 않을까 생각된다.

집필하는 과정에서 필요했던 고증은 가친(家親-衙 顯儀)과 고모(姑母-衙 舜儀)께서 맡아 주셨으며, 또 조상님들께 대한 호칭 관계로 고심했으나, 책의 내용으로 보아 현재 이 책에 사용된 호칭이 가장 적절하다는 판단을 내렸다. 조상님들과 뜻있는 분들의 현명하신 보살핌이 계시리라 믿는다.

위의 글은, 본래 『강릉 선교장』이 1980년에 열화당에서 기획한 '한국의 민가' 시리즈의 첫째 권으로 출판되었을 당시에 발문(跋文)으로 쓰였던 것이다.

출판 이후 여러 자료를 접하면서 보충하고 싶은 면도 있었고, 또 새로운 사실을 알게도 되어, 늘 개정(改訂)의 뜻을 가지고 있었다. 마침 올해로 창립 25주년을 맞이하는 열화당에서 기념사업의 일환으로 내용과 체재를 새롭게 꾸미고 싶다는 제안이 있어, 이에 전체적으로 문장을 다시 손보고, 우리 집안의 문집 발췌

본인 『완산세고(完山世稿)』에서 선교장(船橋莊)과 관련 있는 글들을 가려 뽑고 이를 번역하여 원문과 함께 실었다.

나의 글이 선교장의 내력과 풍취를 해설하는 안내의 역(役)을 하고 있다면, 문집의 글을 통해서는 선교장에 담긴 옛 정취와 여유로운 옛 어른들의 소박하고 따뜻한 풍모를 직접 대할 수 있으리라 생각된다. 체재도 다양하게 바꾸어 보았다. 선교장에 관심 있으신 분들에게 조금이라도 도움이 되었으면 하는 마음이다.

끝으로 주명덕(朱明德) 사백(寫伯)의 명쾌한 작품이, 해설이라고 하여 붙여진 졸문으로 하여 훼손이 가지 않았으면 하는 바람이다.

끊임없는 질정(叱正)을 바란다.

1996. 6.

李起墅

Summary

Landscapes at Youlhwadang and Hwalrejung, Sungyojang

Four kilometers northeast of the beautiful town of Gangreung, there is a valley filled with hundreds of old pine trees. An elegant old house with eaves like flying birds is nestled in the stillness. This is Sungyojang, well-known in local lore as the ancestral home of the Yi family. It was Yi, Nae-bun, the thirteenth descendant of Yi, Sung-gye, the first king and founder of the Chosun dynasty, who first brought his family here. It is said that they settled here when the heavens sent them good fortune in the incarnation of a weasel.

Sungyojang, one of the few remaining examples of 99 kan(the maximum size of architecture which civilians were allowed to possess during the Chosun period) architecture, is a good representative of a style which was unique to the Korean privileged class. At first glance, the scattered buildings may suggest a lack of uniformity and harmony. But, on closer inspection, this design signifies the generous and vital human society which it houses.

The main building still maintains the countenance of the then prosperous Yi family. Among the buildings of Sungyojang, it bears the strongest resemblance to civil architecture. Many of the buildings of Sungyojang were built in the age of the great master O-eun, Yi, Hu. He considered an elegant life, keeping company with the literary elite, ideal. In 1815 he erected Youlhwadang(悅話堂), which is Sungyojang's representational building. Its architecture is said to represent brotherhood. The name of Youlhwadang is derived from a line of the Chinese poem Gwiguresa(歸去來辭) written by Do, Yun-myung. In it, he wrote of "the joy of intimate conversation with loved ones 〔Youl Chinchukji Junghwa(悅親戚之情話)〕," which has been abbreviated to Youlhwadang. For the 180 years since Youlhwadang was built, it has been used as a place for intimate conversation between guest and host. So many paintings, calligraphies and books are kept in this historic building that many connoisseurs of art and literature have visited it in their search for enlightenment.

Hwalrejung, one of the buildings most representative of Sungyojang, is a villa similar to Buyongjung at the Secret Garden in Seoul. It, too, was used to entertain guests. Youlhwadang's closed structure has been likened to warm hearted human beauty;whereas, Hwalrejung, with its open structure, is more often compared to the freshness of natural beauty.

Sungyojang is a prime example of the style which the upper class sought during the Chosun period. They sought elegance even in domestic space as they believed the home was the most fundamental unit of life. The beauty of Banghaejung, the neighboring villa situated on the shore of Gyungpo, is also a critical element of Youlhwadang's landscape. The huge warehouse, which was in the annex before it was destroyed during the Korean War, was Dongjin School. Dongjin was the first Korean private school to pioneer modern education. It was opened by Yi, Keun-woo in 1908. Excellent professors taught many young people, but it was forcefully closed by the oppression of Japanese imperialists. The historic national anthem, march song and athletic song have been handed down to the present generation and serve as a strong reminder of the Yi family's high regard for education. Sungyojang could surely be called "the manor for all season," just as Gangreung can be called the "town for all seasons". Sungyojang, a good example of the unique Korean garden in which the literati sought harmony for both mind and body. The winter here is so suitable a subject of poetry that there are always guests to enjoy the season's scenery. Many of the famous poets and scholars who were inspired by these sceness have left there works in the collection. Famous writers, painters, and calligraphers were not the only important visitors to this home;influential and powerful politicians also paid homage.

The life of the Yi family at Sungyojang was, in itself, elegant retirement. The life of this huge family was not without difficulty, but its history shows the harmony and order inherent in the patriarchal system. Each year the Yi family had such an abundant harvest that it might have seemed to an outsider that all of the agricultural administration and business in Gangwon province had been invited to Sungyojang. Members of the Yi family were warmhearted, learned, virtuous and respected by the neighbors to whom they always showed a great deal of charity. Most of Korea's civil architecture has disappeared or deteriorated over the centuries. Sungyojang is an exception. It has been so well preserved and restored that it serves as a study in civil architecture and the life of the upper class.

江陵 船橋莊 · 차례

船橋莊, 활달함이 넘치는 朝鮮의 民家

朱明德 사진, 1980년

무경(茂卿) 이내번(李乃蕃)이 족제비의 뒤를 좇아 터를 잡았다는 선교장 전경.
서쪽 산등성이에서 내려다본 풍경인데, 활래정은 오른쪽에 떨어져 있다.

【 정면에서 바라본 선교장 본채의 전경.

서쪽 산등성이에서 내려다본 동별당 · 안채 · 사당 그리고 행랑채 일부의 모습.

【 경농(鏡農) 이근우(李根宇)가 건립한 동별당. 안채에 연결된 별당으로, 주인이 가족들과 함께 생활할 수 있는 안채에 접근된 거처이다.

【 활래정 뒷산에서 바라본 선교장의 측면.(위)
【 서쪽 솟을대문을 들어서면 안담 너머 동별당의 지붕이 보인다.(아래)
【 뒷산에서 바라본 동별당. 탱자나무 울타리가 무성하다.(옆)

행랑채는 오른쪽 동별당 앞에서 왼쪽 열화당 앞까지 一자형으로밖에 남아 있지 않으나, 일제 때까지만 해도 사진에서 보이는 담장 자리에 ㄱ자형으로 연결되어 있었다.

뒷산 사당 앞에서 바라본 안채의 뒷모습. 안채는 영조(英祖) 때의 건물이라 전해지는데, 당시 번성했던 이씨가의 풍모를 지니면서도 민간형의 성격을 가장 강하게 띠고 있다.

정면에서 바라본 안채의 여러 모습.

【솟을대문을 들어서서 다시 안채로 들어서는 중문.(위)
【행랑의 일부.(아래)
【뒷정원의 담과 노송.(옆)

담 안팎으로 아름드리 노송 수십 그루가 장원(莊園)의 파수꾼처럼 서 있다. 왼쪽에 활래정의 지붕이 보인다.

열화당 뒤뜰에서 바라본 안채의 옆모습. 열화당과 안채 사이에 서별당이 있었으나, 지금은 헐린 공터만이 복원을 기다리고 있다. 그 너머로 활래정 뒷산에 서있는 거대한 떡갈나무의 나신(裸身)이 보인다.

【행랑채의 끝에 연결되어 축조된 담.(위)

【안채의 일부.(아래)

【사랑채를 가르는 담장.(옆)

【 북쪽에서 바라본 선교장. 아침 안개속에 활래정의 자태는 그윽하다.

仙嶠幽居

【 죽림(竹林) 속에 자리한 사당. 최근에 복원되었다.(위)
【 안채 뒤에 자리한 장독대.(아래)
【 선교유거(仙橋幽居)라 쓰인 사랑채의 솟을대문. 경사진 출입구가 특이하다.(옆)

悅話堂

【 열화당의 옆모습.(위)
【 뒤뜰에서 본 열화당의 뒷모습.(아래)
【 열화당 정면의 모습.(옆)

【 동별당 뒤뜰에서 바라본 활래정.
선교장은 이러한 풍경과도 같이, 활달한 인간성이 물씬 풍기는 순박한 너그러움을 갖고 있다.

【동구(洞口)에 이르면 이 지점에서 우선 활래정을 만나게 된다.
활래정은 벽이 온통 문으로 둘러져 있고 다실이 있는 등, 근세 한국의 독특한 건축구조를 갖고 있다.

活來亭

【 옆에서 본 활래정의 모습.

【 석양의 활래정.(위)
【 활래정 마루에서 연못 가운데의 노송을 내다본 풍경.(아래)
【 활래정 옆에서 본 연못 가운데의 노송. 노송이 서 있는 섬은 인공적으로 조성된 것이다.(옆)

四季의 莊園, 船橋莊

李起墅 글

서울로부터 육백리 길, 동해안 영동(嶺東)의 중심에 자리잡고 있는 고도(古都) 강릉(江陵)은 예국(濊國)[1]의 유지(遺地)로서 한사군(漢四郡), 고구려, 신라, 고려를 거쳐 조선에 이르도록 한결같이 이 나라 동부의 요충지였던 산자수명(山紫水明)의 고장이다.

서울을 떠나 찻길로 약 세 시간, 해발 팔백육십오 미터의 준험한 대관령을 넘으면, 깎아지른 듯한 계곡을 타고 아흔아홉 굽이 아슬아슬한 모롱이 길이 눈앞에 펼쳐진다. 그 너머로는 동해의 수평선이 높직이 선을 긋고, 긴 해안선을 따라 띄엄띄엄 웅크린 호수들이 보이며, 그 가운데 가장 큰 호수로 보이는 경호(鏡湖)의 가장자리에 죽도봉(竹島峰)이 우뚝 솟아 있다.

백발의 어머님을 강릉에 두고
홀로 서울로 떠나는 마음
돌아보니 북촌은 아득히 먼데
저무는 산에는 흰구름이 나네

慈親鶴髮在臨瀛
身向長安獨去情
回首北村時一望
白雲飛下暮山靑

대관령 부근.(1940년대초) 대관령은 예로부터 서울과 통하는 강릉의 관문이었다.
행정구역으로는 평창군(平昌郡)이지만 생활 문화는 강릉문화권에 속하는 곳이다.

사임당(師任堂) 신씨(申氏)가 「사친시(思親詩)」를 읊었다는 이 대관령 마루턱에서 연원된 계곡은 굽이굽이 흘러 남대천(南大川)을 이루었고, 그것을 중심으로 강릉 일대의 평야가 펼쳐진다. 한 폭의 동양화를 연상케 하는 운무(雲霧)는 실로 가경(佳景)이요, 웅대하다고 할 만한 천혜의 대자연이다.

"울고 왔다가 울고 떠난다"는 이곳의 인정은 이미 정송강(鄭松江)[2]이 읊은 바 있었으니, 수많은 사람들이 이 험준한 대관령을 울며 넘어왔다가는 다시 따사로운 인정과의 이별에 안타까이 울며 떠나가곤 했을 게다. 대관령 굽이길 중턱에 있는 '원우리재〔員泣峴〕'는 그 옛적 부사(府使)들이 부임해 올 때 울며 넘어와 이임할 때 울며 넘어갔다 하여 지어진 이름이라 한다. 이곳을 지나며 노래한 강

---

1. 예맥(濊貊)이라고도 한다. 고구려의 전신인 나라로 고조선(古朝鮮) 안에 있었다. 동으로는 압록강과 훈강(渾江)까지, 서로는 중국의 동북부에까지 이르는 넓은 땅을 지배하는 큰 세력이었는데, 연(燕)나라의 진개(秦開)에게 패하여, 강릉을 중심으로 한 지역으로 밀려나게 되어 이곳에 자리잡게 되었다. 후한(後漢) 때에는 동예(東濊)라 일컫게 되었다.
2. 송강(松江)은 정철(鄭澈, 1536-1593)의 호이다. 조선조 선조 때의 학자, 정치가로서 벼슬이 좌의정에 이르렀다. 특히 우리 문학작품 창작에 뛰어나 「성산별곡(星山別曲)」「관동별곡(關東別曲)」「사미인곡(思美人曲)」「속미인곡(續美人曲)」 등의 가사와 사설시조 「장진주사(將進酒辭)」와 「훈민가(訓民歌)」 16수를 비롯하여 많은 시조를 남겼다.

회백(姜淮白)[3]의 시가 이렇게 전해 오고 있다.

구산역 처음길
꼬불꼬불 말 앞이 보이지 않네
앞서 달리는 말, 나무 끝에 가듯
잔교(棧橋)는 높직이 걸렸네
북녘을 바라보니 산은 하늘을 찌르고
동녘은 바다와 하늘에 연했네
기어서 정상에 오르니
세상은 다시 펼쳐지누나

首路丘山驛　羊腸馬不前
先驅行木末　飛棧掛雲邊
北望山如戟　東臨海接天
攀緣行盡處　宇宙更茫然

예로부터 문화의 고장이요, 문향(文鄕)으로 이름난 이곳은 매월당(梅月堂)[4]과 율곡(栗谷)이 자랐고, 사임당과 난설헌(蘭雪軒)[5]이 글의 향취를 풍긴 곳이다. 이곳을 지나던 많은 지사 묵객들이 이를 찬미했으니, 사가(四佳)[6]와 우암(尤菴)[7]이

---

3. 강회백(姜淮白, 1356-1402)은 고려말의 문신으로 호는 통정(通亭)이다. 공양왕 때 정몽주가 살해되면서 진양(晋陽)에 유배되었다가, 이성계가 즉위한 후 태조 7년(1399)에 동북면도순문사(東北面都巡問使)가 되었다. 저서로 『통정집(通亭集)』이 있다.
4. 매월당(梅月堂)은 김시습(金時習, 1435-1493)의 호이다. 조선조 단종 때의 생육신의 한 사람으로 강릉 사람이다. 수양대군의 왕위 찬탈 소식을 듣고 중이 되어 시로써 세상을 풍자하여 마음을 달래며 한평생을 보냈다. 금오산에 들어가 한문으로 된 전기소설(傳奇小說) 「금오신화(金鰲新話)」를 지었다.
5. 허난설헌(許蘭雪軒, 1562-1590)은 조선조 중기의 여류작가로, 본명은 초희(楚姬) 또는 경번(景樊)이며 강릉 사람이다. 「홍길동전」의 작가인 허균(許筠)의 누이로서 한시에 뛰어나 「규원가(閨怨歌)」 「유선시(遊仙詩)」 등을 지었다.
6. 사가(四佳)는 서거정(徐居正, 1420-1488)의 호이다. 조선조 초기의 학자로, 세종 이후 다섯 임금을 섬겼는데, 천문 · 지리 · 의약 · 복서(卜筮) · 성명(星命) 등 여러 부문에 능통하였다. 『동국통감(東國通鑑)』 『필원잡기(筆苑雜記)』 『신찬동국여지승람(新撰東國輿地勝覽)』 등을 저술하였다.
7. 우암(尤庵)은 송시열(宋時烈, 1607-1689)의 호이다. 조선조 중기의 정치가이며 문장가이다. 서인(西人)의 거두로 남인(南人)과 논쟁하고, 노론(老論)의 거두로 활약하였다. 『주자대전차의(朱子大全箚疑)』 『논맹문의통고(論孟問義通攷)』 등 저서가 있다.

남산에서 바라본 강릉 시가.(1940년대초)

그러한 글을 썼다. 또 송강(松江)은 이곳을 다스리며 자연의 경개(景概)를 그렸고 훈민(訓民)의 노래를 남겼다.

봄에 꽃이 피면 화전(花煎) 놀이의 고장이 되고, 여름엔 푸른 숲 푸른 바다의 고장이 되며, 가을엔 단풍의 고장이, 겨울엔 흰 눈의 고장이 되니, 강릉이야말로 '사계(四季)의 고장'이라 칭할 만하다.

몽고의 병란에도, 임병(壬丙) 양란에도, 동학혁명 때도, 육이오 민족상쟁 때도 이곳은 극히 적은 피해를 입었을 뿐이니 이 아니 천혜라 할 수 있을까. "땅은 바다에 접하고, 아름다운 승지(勝地)가 많아 신선들의 유적이 있으니 이름하여 임영(臨瀛)이라 하였다"고 한 서거정(徐居正)의 말을 생각하게 한다.

이같이 아름다운 자연은 북으로 벋으면서 소금강(小金剛)·오색(五色)·설악

산(雪嶽山)을 거쳐 금강산에 연하고, 남으로는 밤재〔栗峙〕, 화비령(火飛嶺), 백복령(白茯嶺)을 거쳐 태백산으로 벋어 나간다.

이 고장에의 진입로는 예로부터 이렇게 험준하여 외적의 침입에 자위(自衞)할 수 있었으며, 또 외지로부터 산물의 수입 없이도 자급자족할 수 있었다. 이곳의 인심은 온후하고 주어진 여건에 자족할 줄 안다는 세평이 있는 것도 이러한 연유에서인 것 같다.

그래서인지 『후한서(後漢書)』[8]에는 "이곳 사람의 성품이 고지식하고 성실하여 욕심이 적고 남에게 청탁이나 구걸을 하지 아니하였다. … 또, 이곳의 풍속에

8. 『후한서(後漢書)』는 중국 후한의 열두 왕의 사적을 기록한 역사책이다. 송(宋)나라의 범엽(范曄)이 지은 것을 양(梁)나라의 유소(劉昭)가 보완한 것인데, 모두 120권이다.

남대천에서 행해지는 단오제 광경.(1940년대초)

서로 침범하는 자는 훈책하고 도적을 잡으면 소나 말로 이름을 지어 그 죄를 책하고, 살인한 자는 죽였다. 침입하여 도둑질하는 자가 적고, 보전(步戰)에 능하였다"라는 기록이 보인다. 또 『여지승람(輿地勝覽)』[9]에 "어려서부터 책을 끼고 스승을 좇아 글을 배우는데 글 외는 소리가 마을에 가득 찼고, 배움에 게으른 자는 벌하게 되어 있다. 또 놀기를 즐겨하여 가절(佳節)이면 늘 잘 마시고, … 이 고을에는 경로(敬老)하는 풍속이 있어 가절을 맞으면, 경치 좋은 곳에 노인을 모셔 모임을 갖고 위로하였다"라는 기록이 있는 것을 보면 예로부터 이곳 풍속과 인심의 아름다움을 짐작케 한다.

9. 『동국여지승람(東國輿地勝覽)』의 약칭으로, 조선조 성종의 명에 따라 노사신(盧思愼) 등이 『대명일통지(大明一統志)』를 본떠 조선 각도의 지리·풍속 그 밖의 특기할 만한 사실을 기록한 책이다. 중종 때에 와서 새로 증보한 것이 있다.

이러한 인심은 여러 세시풍속을 낳았으며, 또 그에 따라 여러 행사가 있었으니, 그 가운데에서도 단오절(端午節)은 이 지방의 오랜 전통을 가진 민속행사였다. 단오절은 천중가절(天中佳節), 또는 단양절(端陽節)이라 하여 이곳에서는 일년 중 가장 즐겁게 보내는 명절이다. 닷새간에 걸쳐 진행되는 이 지방의 단오절 행사는 약 이십 일 전(음력 4월 15일) 대관령의 성황제(城隍祭)로부터 시작된다. 단오절 행사로는 전야제가 있고 무녀(巫女)가 신주를 모시고 단오장(端午場) 제단에 올라 닷새간에 걸쳐 제(祭)와 굿을 하게 되고, 관노가면극(官奴假面劇, 無形文化財 제13호)을 비롯하여 농악, 그네, 씨름, 궁도 등 다채로운 각종 민속놀이가 펼쳐진다.

이러한 내용의 옛 기록은 허균(許筠)[10]의 「대령찬배서(大嶺贊拜序)」와 남효온(南孝溫)[11]의 『추강냉화(秋江冷話)』에서 간략하게나마 발견할 수 있다.

선교장이 위치한 운정동 일대의 모습.(1940년대초)

선교장(船橋莊)이 있는 북평촌(北坪村 : 옛 이름으로, 후에 丁洞面 · 鏡浦面이라 했으나 지금은 강릉시에 편입)은 강릉에서도 명승지로 알려져 있다. 제일강산(第一江山)인 경포대가 있고 철현(哲賢) 율곡(栗谷)의 탄생지인 오죽헌(烏竹軒)이 있으며, 방해정(放海亭) · 금란정(金蘭亭) · 취영정(聚瀛亭) · 경호정(鏡湖亭) 등 여러 정자가 도처에 자리를 잡고 있다. 허초당(許草堂)[12]이 은거하던 초당(草堂)이 경호변에 있으며, 우암(尤菴)이 머물렀다는 해운정(海雲亭)이 있고, 부드러운 야산의 능선을 타고 태장봉(胎藏峰) · 시루봉〔甑峰〕이 솟은 아름다운 곳이다. 그래서인지, 예로부터 이곳이 강릉 화전 놀이를 비롯한 여러 놀이의 중

10. 허균(許筠, 1569-1618)은 조선조 중기의 작가로 강릉 사람이다. 호는 교산(蛟山)으로 선조 27년(1594)에 문과에 급제하였다. 서민계급을 규합하여 큰 세력을 이루고, 광해군의 악정을 틈타 혁명을 일으키려 하던 중 발각되어 죽음을 당했다. 작품으로 「홍길동전」 등이 있다.

11. 남효온(南孝溫, 1444-1492)은 조선조 단종 때의 생육신의 한 사람으로, 호는 추강(秋江)이다. 김종직(金宗直)의 제자로 수양대군이 왕위를 찬탈하자 벼슬을 버리고 초야에 묻혀 한평생을 보냈다.

12. 허초당(許草堂, 1517-1580)의 본명은 엽(曄), 자는 태휘(太輝)이다. 서경덕(徐敬德)의 문인(門人)으로 조선조 선조 때의 문신이다. 등제한 후 경상감사(慶尙監司)까지 지냈으며, 동인(東人)의 거두였다. 허균과 허난설헌의 부친이며, 저서로 『초당집(草堂集)』 『전언왕행록(前言往行錄)』 등이 있다.

선교장 전경.(1940년대초)

심지가 되곤 했었다.

오죽헌에서 동해 쪽을 향하여 서면, 바로 마주 보이는 곳에 노송 수백 그루가 우거진 골짜기가 있고, 그 사이로 고옥(古屋)이 그 날아갈 듯한 추녀 일부만을 드러낸 그윽한 자세로 은거해 있는 것이 보인다. 이곳이 문화재(重要民俗資料 제5호)로 지정된 배다리의 선교장 이씨가(李氏家)이다.

2

전주(全州) 이씨가(李氏家)가 지금의 배다리〔船橋里〕로 옮겨온 것은 효령대군(孝寧大君) 11세손으로 가선대부(嘉善大夫) 무경(茂卿) 이내번(李乃蕃)의 때였다.

그때 이곳에 자리를 잡게 된 다음과 같은 이야기가 지금도 전해지고 있다. 안동(安東) 권씨(權氏)가 아들 무경과 더불어 충주로부터 강릉으로 옮겨와 저동(苧洞 : 경포대 주변)에 자리를 잡은 뒤로 가산이 일기 시작하여, 드디어는 좀더 너른 터를 찾기에 이르른 어느날, 평소엔 볼 수 없었던 일이 집 앞에 일어났던 것이다. 족제비 몇 마리가 나타나더니 나중엔 한 떼를 이루어 서서히 서북쪽으로 이동하기 시작하였다. 이를 보고 신기하게 여긴 무경은 그 뒤를 좇았다. 서북쪽으로 약 1km 떨어진 어느 야산의 울창한 송림 속으로 사라져, 그 많던 족제비의 무리는 한 마리도 보이지 않게 되었다. 신기한 생각에 한동안 망연히 서 있던 그는 정신을 가다듬어 주위를 살피고는 이곳이야말로 하늘이 내리신 명당이라고 무릎을 쳤다. 시루봉에서 벋어 내리는 그리 높지 않은 산줄기가 평온하게 둘려져 장풍(藏風)을 하고, 남으로 향해 서면 어깨와도 같은 부드러운 곡선이 좌우로 벋어, 왼쪽으로는 약동 굴신하는 생룡(生龍)의 형상으로 재화가 증식(增殖)할 만하고, 약진하려는 듯한 호(虎)는 오른쪽으로 내려 자손의 번식을 보이는 산형이라 생각되었다. 더욱이 앞에는 얕은 내가 흐르고, 그 바른편엔 안산(案山)이 있고, 왼편 시내 건너엔 조산(朝山)이 있어 주산(主山)에 대한 객산(客

山)의 자리를 지키고 있는 훌륭한 터였던 것이다.

하늘이 족제비를 통하여 이렇게 훌륭한 터를 이씨가에 내리신 것이라고 믿은 무경은 그 해에 지금의 자리로 옮겼다는 것이다. 이런 이야기가 전승되어 오면서 최근까지 이씨가에서는 족제비를 보호하면서 뒷산에다가는 족제비의 먹이를 가져다 놓는 풍습이 전해 오고 있다.

선교장의 위치는 율곡 이이(李珥)가 탄생한 오죽헌으로부터 동쪽으로 1.5㎞, 또 유명한 허초희(許楚姬), 허균(許筠)이 나서 자란 초당으로부터 서북쪽으로 약 2㎞, 경포호가 지금보다 훨씬 넓었을 때(현재 호수 주위는 4㎞이나 당시는 12㎞였다고 전한다) 배를 타고 건너 다녔다 하여 '배다리〔船橋里〕'라는 이름을 가진 곳이었다. (오죽헌의 남서쪽 태백산맥 줄기의 麓畔 마을 이름이 池邊里인 것을 보면, 경포 호수변이 그곳까지였음을 짐작케 한다)

【3】

선교장의 전주 이씨가가 이곳 강릉에 머물며 지내온 생활은 사대부(士大夫)로서의 은둔 풍류의 생활 그것이었다. 오은거사(鰲隱居士) 이후(李垕)까지의 생활이 시문과 서화에 묻혀 지냈던 사실로 보아 알 수 있다. 이씨가의 중흥기는 무경(茂卿)의 아들 자영(子榮) 이시춘(李時春)과 손(孫) 오은(鰲隱) 이후(李垕) 때였다. 농사는 해마다 대풍이었고 가정은 나날이 번창해갔다. 주위에서는 좋은 터를 잡은 덕분이라고들 했다. 영동은 물론 강원도 일대의 땅 상당 부분이 이씨가의 소유이어서 '만석군'이란 칭호를 들었다. 이런 칭호는 영호남(嶺湖南)에서는 흔히 들을 수 있는 것이었지만, 농사 지을 만한 평야가 좁고 땅이 척박(瘠薄)한 이곳에서의 '만석군'이란 실로 대단한 것이었다. 지역을 남북으로 나누어 주문진(注文津) 북쪽에서 생산되는 수확은 북촌(北村 : 이씨가에서는 주문진 일대를 이렇게 불렀다)에서 저장했고, 강릉 남쪽으로부터 들어오는 수확은 남촌(南村 : 이씨가에서는 墨湖 일대를 이렇게 불렀다)에서 저장토록 했다. 다만 정동(丁洞 : 강릉시로 편입되기 전 경포면 일대)을 중심으로 한 강릉 지역에서 생산되는 수확만을 본가에서 수납 저장했다. 그런 형편이니, 강릉을 중심으로 한 영동 일대의 상당수가 이씨가의 소작인이었던 것이다.

배다리에 개기(開基)한 무경의 손(孫) 오은거사는 이 집안에서 은둔처사의 표본적인 인물이었다. 그래서 그는 후손들에 의하여 '처사공(處士公)'이란 칭호로 받들어지고 있다. 안빈낙도(安貧樂道) 사상에 철저한 그는 화기(和氣)에 찬

우애의 생활과 시문(詩文)을 즐기는 선비와 어울리는 풍류의 생활을 이상으로 여겼던 듯하다. 그는 선대부터 있던 '안채'에 이어서 사랑채인 '열화당(悅話堂)'을 건립하여, 이름 그대로 형제간의 우애를 표방한 상징적인 건물을 세웠고, 그 앞에다 '작은사랑채'를 지어 집안의 젊은이들로 하여금 사용토록 했다. 열화당 뒷산에는 '팔각정'을 지어 송림 속에서 동리를 굽어볼 수 있게 했으며, 동구(洞口)에다가는 연못을 파 연을 심고 그 가운데다 '활래정(活來亭)'을 지어 풍류의 모임을 갖고는 했다.

이렇듯 오은거사 때에 많은 건물이 들어섰다. 그가 건립 조성한 건축 형태의 특이한 점은 우리나라에서 흔히 볼 수 없는 출입대문이 둘이라는 점과, 동구에다 연못을 파 '활래정'을 지었다는 점이다. 서편에 솟을대문을 세워 사랑채로 드나들게 했고, 동편 대문은 안채로 들어가게 따로 만들었다는 점, 그리고 동리로 들어서는 청룡부리 앞에다 큼직한 연못을 판 운치는 자연의 묘경에 한결 묘미를 더하는 특이한 건축배치임엔 틀림없다.

선교장 건물은 우리나라 상류가정 주택의 한 전형을 보이고 있다고 건축 전문가들은 말하고 있다. 정인국(鄭寅國)[13]은 그의 저서 『한국건축양식론(韓國建築樣式論)』에서, 한국 상류주택의 두 가지 유형인 집약된 건물배치와 분산 개방된 건물배치 가운데 선교장은 후자에 속할 수 있다고 하면서, 통일감·균형미 같은 짜임새는 없는 듯이 보이지만, 자유스러운 너그러움과 인간생활의 활달함이 가득 차 보이는 것을 그 특징으로 지적하고 있다. 더욱이 북쪽지방 유형인 이중온돌방에 서울을 중심으로 한 중부의 한옥 양식인 ㄱ자형 '안뜰〔內庭〕', 그리고 이 지방 특유의 담과 담지붕, 이렇게 여러 지방의 특색이 혼용되어 건립된 점은 한국건축양식 연구의 한 표본이 된다고 전문가들은 말하고 있다.

이 밖의 건물들은(현재 不存하는 건물 포함) 대부분 오은거사의 증손인 경농(鏡農) 이근우(李根宇) 때의 것들이다. '동별당(東別堂)', 현재의 '활래정', '동진학교(東進學校)', 그리고 여러 별채들이 그 주된 것들이다.

---

13. 정인국(鄭寅國, 1916-1976)은 건축가로서, 황해도 재령(載寧) 출생이다. 일본 와세다(早稻田) 대학 건축과를 졸업하였으며, 공학박사, 홍익대학교 대학원장, 국전 심사위원을 역임하였다. 작품으로는, 〈중앙관상대〉 〈수운(水雲) 회관〉 등이 있고, 저서로는 『한국건축양식론』 『서양건축사』 『근대건축론』 『현대건축론』 등이 있다.

강릉 일대에서 생산된 수확물을 선교장의 곳간마당에 쌓아놓은 모습.(1940년대초)

당시 선교장 안주인이었던 기계(杞溪) 유씨(兪氏)의 팔순 기념잔치 중 소작인 위안회 광경.(1928년)

정면에서 본 선교장.(1940년대초)

'안채 주옥(主屋)'의 안방은 주인의 정실(正室)이 사용하는 곳이다. 그 '건넌방'은 맏며느리의 방이고, '서별당(西別堂)'은 이씨가 주인의 서재이다. 그러므로 그곳은 이 집에서 가장 조용한 심처(深處)이기도 하다. '열화당'은 주인의 주된 거처이며, 사랑채의 역할인 접객을 하는 곳이다. '작은사랑'은 장차 이 집안을 이끌 맏아들〔長子〕의 거처이며 수련처이다. 이곳에서 장래 주인으로서의 기량과 수양을 닦게 된다. '동별당'은 별당의 임무를 갖는 곳으로 주인의 휴식처이기도 하다. 외부 내객들에 시달리다 가족들과 함께 즐길 수 있는 유일한 곳이다. 또 여기서는 외빈이 아닌 당내(堂內) 친척이나, 외척 등의 내빈을 접할 수도 있다. 별당의 기능을 갖는 곳으로 활래정도 있지만, 그곳은 가족들과 함께 거할 수 있는 곳이 아니다. 특히 봄, 가을의 이곳 동별당의 생활은 한결 정다운 한국 가정의 전형적인 면모를 보여준다. 활래정 역시 중요한 별당의 역할을 한다. 특히 늦봄부터 초가을까지는 이곳 활래정의 절기라 할 만하다.

이 밖에도 동별당의 남쪽과 서편의 솟을대문 앞에 별채가 있어, 필요에 따라 사용하게끔 되어 있었다.(〈도면 1〉 참조)

당시 선교장주(船橋莊主)인
경농 이근우와
부인 청풍(淸風) 김씨(金氏).
(1935년)

이처럼 거대한 가족의 생활은 어려움도 많았지만, 전통적인 가부장(家父長) 제도의 면모를 보여주는 그 나름대로의 고유한 질서와 조화를 보여준다. 열화당 뒤편에 우람하게 서 있는 계화나무나 활래정 뒷산에 솟은 떡갈나무의 거대한 모습은 선교장 전체의 배경을 이루는 노송들과 어울려 고전미·우아미의 극치를 이루고 있다. 주객(主客)이 나누는 정담에서 열화당의 진미를 맛볼 수 있다면, 그곳은 늦가을로부터 초봄까지 한겨울을 나는 곳이라 할 수 있을 것이고, 문을 활짝 열고 바람을 맞으며, 때로는 연잎에 듣는 빗소리에 정취를 느낄 수 있는 곳이 활래정이라면, 그곳은 연잎이 솟고 연잣〔蓮實〕이 맺힐 때까지의 한여름을 보내는 곳이라 할 수 있을 것이다. 열화당을 폐쇄적이요 구수한 인정미에 비유한다면, 활래정은 개방적이요 정겨운 자연미를 맛보는 곳이라고 할 만하다. 이렇듯 조선조 상류사회는 가장 기본집단인 가정에서부터 풍류의 멋을 찾았다. 선

경농 이근우의 회갑연을 마친 후 열화당 앞뜰에 모인 선교장의 가족들.(1937년)

교장은 그러한 가운데 가장 훌륭한 표본이라 평가할 만하다.

선교장의 사계(四季)는 그 어느 계절 하나 버릴 것이 없다. 강릉을 가리켜 '사계의 고을'이라 일컫는다면, 선교장을 '사계의 장원(莊園)'이라 부를 수 있겠다.

활래정의 앞논에 해빙(解氷)의 물이 넘쳐 출렁이고, 그 물 위를 봄바람이 파문을 일으키면 이곳의 봄은 시작된다. 안채 뒤 대밭에 죽순이 움트고, 매화가 그 짙은 자태를 드러내며, 못엔 연잎의 싹이 트고, 활래정 뒷산에 오죽순(烏竹筍)이 얼굴을 내민다. 그러면 이곳 골짜기는 한겨울의 동면으로부터 서서히 깨기 시작한다. 앞냇가에 아지랑이가 피어 오르고 버들개지가 움트면 이곳의 봄은 생동하는 아름다움으로 술렁인다.

여름은 뒤 솔밭으로부터 온다. 짙은 녹음을 이루는 노송, 고목 속에 깃을 친 온갖 새들의 울음소리, 매미와 쓰르라미 소리로 한결 여름은 짙어 간다. 이때 제철을 맞는 것이 활래정이다. 연꽃봉오리가 솟고 꽃봉오리가 터지면 활래정 누마루엔 술자리가 벌어진다. 활래정의 정취에 시인 묵객들의 발길이 끊이지 않았으며, 그땐 으레 시서화(詩書畵)가 곁들였다. 비오는 날, 연잎에 듣는 빗소리, 연잎에 괸 물이 쏟아지는 소리 역시 문객(文客)의 시정(詩情)을 일게 한다.

이곳의 단오절은 큰 민속행사의 하나다. 농사에 바쁜 계절이라 일꾼들이 밤에 모여 불을 밝히고 바를 튼다. 이럴 때는 농주(農酒)가 담긴 술동이가 반드시 곁들인다. 그렇게 하여 만들어진 그넷줄을 뒷산 노송가지에 달면, 단오를 전후하여 동네아낙들이 그네솜씨를 다투게 된다. 뒷산은 노송 수백 그루가 밀집한 솔밭이라 그 밑에 돗자리를 펴고 누워 땀을 식히는 정원이 되기도 한다. 노송에 깃을 튼 솔개가 날아 하늘을 맴도는 것도 한여름 오후의 정경이다.

가을은 풍요의 계절이다. 선교장 곳간으로 밀려오는 곡식은 이곳 이씨가의 부(富)의 면모를 알리는 것이다. 또 '교당마당(舊 東進學校 校庭을 이렇게 부른다)' 옆에 자리한 곳간(〈도면 1〉 참조)은 이씨가의 부의 상징이기도 했다. 남북촌에 분산시키고도 이 거대한 곳간에 가득 찰 만하다면 그것은 경이적인 것이었다. 소작물에 대한 품평회가 있는 날이면 강원도의 농정(農政) 업무를 이곳으로 옮겨 놓은 듯 요란했다고 한다.

그즈음 산을 온통 붉게 물들이는 것은 감나무다. 빨간 감이 주렁주렁 달린 모습은 가을철 풍요를 한층 돋보이게 한다. 익은 감을 따서 아낙네들이 한방에 모여 밤을 지새워 가며 깎아 새끼줄에 걸든지 싸리나무가지에 꿰어 말린다. 그렇게 하여 곶감을 만든다. 처마 밑에 곶감이 널린 이 같은 이곳 농촌 풍경은 그대로 한 폭의 그림이다. 감껍질은 껍질대로 바구니에 담아 햇볕에 말린다. 이렇게 말린 곶감을 접는 작업은 분주한 농사일이 끝나 한가해진 겨울밤으로 미루어야 한다. 곶감을 만들고 남은 감은 잎이 다 떨어지고 서리가 내릴 때까지 나무에 달린 채 익어 홍시가 된다. 그렇게 익은 홍시는 장대로 하나하나 따고 몇 개는 까치밥이라고 하여 잡새들이 먹도록 나무에 남겨두는 여유를 잊지 않는다.

밤나무 밑에서 아람 줍는 것도 가을의 한 정경이다. 떨어진 아람은 누구의 것도 아니다. 줍는 이의 것이 된다. 그것은 강릉의 인심을 보여주는 것이기도 하다. 앞내 둑에 서면, 마주 보이는 태백준령의 줄기가 불타오르듯 붉게 물들고, 가뭄이 계속된 어느 날 밤, 그 산줄기에 가을 산불이 일어 붉게 타오를 적이면, 동심에 젖은 아이들은 "저렇게 산불이 나 나무가 많이 타버리는 해는 큰 난리가 인다"는 할머니의 이야기에, 가슴 조이기도 하는 가을이다.

이곳의 겨울은 시운(詩韻)에 오를 만하다. 강릉은 눈〔雪〕의 고장이다. 더욱이 선교장의 설경은 그 가운데서도 일품이다. 눈에 덮인 노송, 그 위에 때때로 날아드는 학, 그건 선간(仙間)의 경(景)이다. 굳게 닫힌 활래정도 눈에 덮이고, 연못의 물은 얼어 말라 비틀어진 연줄기의 모습에 시정이 자극되기도 한다. 연못이나 앞내는 아이들의 얼음지치는 곳이다. 내를 따라 경포호수까지 달리곤 한다. 겨울은 정적의 계절이다. 그러나 선교장엔 많은 내객이 있어, 빠르면 한 주, 길면 수 개월을 머물고 간다. 특히 겨울철의 손은 길게 머무는 경우가 많다. 이러한 사람들 가운데는 이름난 시인 묵객들이 많아, 지금도 이곳에 소장되어 있는 서화 중에서 이들의 작품을 많이 발견할 수 있다. 이 가운데에도 순조(純祖) 헌종조(憲宗朝)의 영상(領相)인 운석(雲石) 조인영(趙寅永)[14]을 비롯하여 근대에 와서 소남(小南) 이희수(李喜秀),[15] 무정(茂亭) 정만조(鄭萬朝),[16] 규원(葵園) 정병조(鄭丙朝),[17] 성당(惺堂) 김돈희(金敦熙),[18] 해강(海岡) 김규진(金圭鎭),[19] 일주(一洲) 김진우(金振宇), 백련(白蓮) 지운영(池雲英),[20] 농천(農泉) 이병희(李丙熙),

---

14. 조인영(趙寅永, 1782-1850)은 조선조 헌종 때의 대신으로 자는 의경(義卿)이며 호는 운석(雲石)이다. 호조판서, 우의정을 거쳐 헌종 때 영의정에 이르렀으며 봉군애민(奉君愛民)의 정신이 투철하고 문명이 높았다. 저서로는 『운석유고(雲石遺稿)』 등이 있다.
15. 이희수(李喜秀, 1836-1909)는 조선조 말기의 서예가로 자는 지삼(芝三), 호는 소남(小南), 경지당(景止堂)이다. 일곱 살 때 조광진(曺光振)에게 글씨를 배워 여러 글씨체(體)를 잘 썼고, 난죽(蘭竹)에도 능했다.
16. 정만조(鄭萬朝, 1859-1936)는 조선조 말기의 학자로 자는 대경(大卿), 호는 무정(茂亭)이다. 1891년 문과에 급제하였고 예조참의, 승지, 규장각 부제학, 1929년 경학원 대제학 등을 거쳐 이왕가실록편찬위원(李王家實錄編纂委員)에 선정되어 집필을 주재하였다. 저서에는 『무정전고(茂亭全稿)』가 있다.
17. 정병조(鄭丙朝, 1863-1945)는 조선조 말기의 학자로 자는 관경(寬卿), 호는 규원(葵園)이다. 1884년에 진사에 합격하였고 1894년에 동궁(東宮) 시종관(侍從官)을 지냈다. 시문에 조예가 깊고 서예에도 능하여 행서(行書)와 초서(草書)에 정묘하였다. 저서에 『녹어산관집(漉魚山館集)』 8권이 있다.
18. 김돈희(金敦熙, 1871-1936)는 근대의 서예가로 자는 공숙(公叔), 호는 성당(惺堂)이다. 안진경(顔眞卿)을 사숙하였고 만년에는 황정견(黃庭堅)의 행서를 본받았다. 서화협회 회장과 선전(鮮展) 창설 후 서예부 심사위원을 역임하였고 상서회(尙書會)를 설치하여 후진양성에 힘썼다. 유필에 〈문간공한장석묘갈(文簡公韓章錫墓碣, 과천 소재)〉 등이 있다.
19. 김규진(金圭鎭, 1868-1933)은 근대의 서화가로 자는 용삼(容三), 호는 해강(海岡)이다. 8세에 이희수(李喜秀)에게 글씨를 배웠고, 서화명적(書畵名蹟)을 연구했으며, 풍경화에 뛰어났다. 서화연구회를 창설하고, 전람회를 개최하여 예술보급에 공헌하였다. 저서에 『난죽보(蘭竹譜)』 『서법진결(書法眞訣)』 『육체필론(六體筆論)』이 있고, 〈외금강만물상도(外金剛萬物相圖, 덕수궁 내 희정당 벽화)〉 등 많은 작품이 전한다.
20. 지운영(池雲永, 1852-1935)은 서화가로 호는 설봉(雪峰), 백련(百蓮)이다. 유불선에 통했고, 시서화에 뛰어나 삼절(三絕)이라 일컬어졌으며, 글씨는 해서(楷書), 그림은 산수와 인물에 능했다. 『일성록(日省錄)』 『일본외교문서』 『조선미술사』 등의 저서가 있다.

성재(惺齋) 김태석(金台錫),[21] 옥소(玉簫) 심형섭(沈衡燮), 차강(此江) 박기정(朴基正)[22] 등 시문과 서화에서 당대에 이름을 떨쳤던 인물들이 보인다. 그 밖의 인물로는 신학문에 뛰어났고 정계에도 관계했던 성재(省齋) 이시영(李始榮), 몽양(夢陽) 여운형(呂運亨) 등이 돋보이는 인물들이었다. 이러한 인물들과의 교류에서도 선교장의 면모를 짐작할 수 있다.

선교장의 풍정에서 빼어놓을 수 없는 것은 경포 호숫가에 자리한 부속 별장인 방해정(放海亭)의 풍취이다. 방해정은 선교장주(船橋莊主)로서는 처음 환로(宦路)에 들어간 산석(山石) 이의범(李宜凡, 初諱 鳳九)이 철종(哲宗) 기미년(己未年, 1859)에 건립한 별장이다. 그는 인품이 온후하고 덕망과 학식이 높아, 인근의 추앙으로 통천군수(通川郡守)에 부임하여서는 가뭄의 재해로 고난을 겪는 전군민을 개인의 사사양곡으로 구호하는 등 선정을 베풀어, 이후로 선교장 이씨가를 '통천댁(通川宅)'으로 불려지게끔 한 인물이었다.

옛 경포대자리〔舊鏡浦臺趾〕 아래에 위치한 방해정은 허초희, 허균이 자랐던 초당(草堂)을 호수 건너로 마주 바라보는 경호변의 가장 승지(勝地)에 자리잡고 있다. 더욱이 경농(鏡農) 때에 와서는 옆에 있는 수천 평의 솔밭—현재는 그 가운데로 차도가 생겨 몰풍치하게 되었지만—을 금잔디로 가꾸어 정원을 만들고는 '이가원(李家園)'이라 이름하고 경호에 배를 띄워 풍류를 즐겼다. 솔밭 끝에 있는 홍장암(紅粧巖)에는 '이가원주(李家園主) 이근우(李根宇)'라는 큼직한 글씨가 새겨져 비바람에 깎여 가면서도 아직도 선명히 보이고 있다. 이곳 탐승에 알맞은 철이면 이씨가에서는 방해정 옆 정원인 이곳 '이가원'에서 손님을 접대하기도 했다.

예로부터 내려오는 다음의 '경포팔경(鏡浦八景)'에서 방해정의 자연미를 더욱 분명하게 발견할 수 있다.

---

21. 김태석(金台錫, 1875-1953)은 서예가로 호는 성재(惺齋)이다. 전서(篆書), 예서(隷書), 전각(篆刻)에 뛰어났으며, 해서(楷書)는 안진경체(顔眞卿體)를 따랐다. 중국에서는 원세개(袁世凱)의 옥새(玉璽)를 새겼고, 그의 서예고문(書藝顧問)을 지냈다. 작품으로는 〈자통홍제존자사명대사비(慈通弘濟尊者四溟大師碑, 해인사 소재)〉 등이 있다.

22. 박기정(朴基正, 생몰년도 불명)은 구한말부터 일제 해방기를 걸쳐 활약한 서화가로 호는 차강(此江), 강재(江齋)이다. 글씨와 사군자(四君子), 포도(葡萄), 파초(芭蕉), 괴석(怪石)의 그림에 능했다.

경포 호수변에 있는
별장 방해정의
정면모습.(1940년대초)
그 오른쪽으로 펼쳐진
솔밭을 포함하여
이 일대를 커다란
장원으로 만들고
'이가원(李家園)'이라
하였다.

방해정을 배경으로
찍은 선교장의 가족들.
(1942년경)

강릉시 남항진에 있는 한송사의 옛터.(1940년대초)

1. 녹두일출(綠豆日出) : '녹두'는 경호의 동남방 해안, 울창한 송림 속에 위치했다고 하는 옛 한송정(寒松亭)을 가리킨다. 경포대에서 보면 동쪽이 되므로, 해돋이 때 바다와 호수면을 함께 비추는 그 장엄한 광경을 말한 것이다.

2. 죽도명월(竹島明月) : '죽도'란 동해안에서 흔히 볼 수 있는 것으로, 여기서는 경호 동남쪽 해안에 돌출된 봉우리를 말한다. 경포대에서 갖는 달맞이는 달빛이 하늘과 바다와 호수에 한 기둥을 이룬다 하여 예로부터 '삼월주(三月柱)'라는 이름이 붙을 만큼 장엄한 것이었으니, 이 죽도 위로 오르는 달의 아름다움을 상찬한 것이다.

3. 강문어화(江門漁火) : '강문'은 경호의 물이 바다로 흘러 들어가는 입구를 가리키는데, 그곳엔 어촌마을이 있다. 또 '어화'는 밤에 고기잡이할 때 비추는 불빛을 말함이니, 그 불빛이 떼를 이루어 보이는 야경의 아름다움을 이른 말이다.

4. 초당취연(草堂炊煙) : '초당'은 경호 동남쪽에 있는 울창한 송림을 이룬 동리를 이른다. 밖에서 보아서는 인가가 전혀 없는 듯이 보이나 실은 송림 속에 예로부터 큰 부락을 이루고 있다. 이곳은 초당(草堂) 허엽(許曄)이 은거하면서

방해정 옆 솔밭머리에 있는 홍장암에서의 선교장 가족들.(1943년경) 그 앞이 경포 호수이다.

허난설헌과 허교산(許蛟山)을 기르던 곳이다. 해가 뉘엿뉘엿 서산에 기울면 이 마을에선 저녁 연기가 오른다. 경포대에 오르면, 집은 한 채도 보이지 않는 솔밭에서 연기 줄기들만이 오르고 있다. 이 평화로움은 이곳에서만 볼 수 있는 아름다움이리라.

5. 홍장야우(紅粧夜雨) : '홍장'은 조선조초 강릉부에 속해 있던 부예기(府藝妓)로 서거정(徐居正)의 『동인시화(東人詩話)』에 '홍장고사(紅粧古事)'라는 그녀에 관한 이야기가 전해지고 있다. 홍장암은 '이가원주 이근우'라 새겨져 있는, 방해정 솔밭 끝에 있는 바위로, 여기에서 홍장이 빠져 죽었다는 전설이 있어 그렇게 이름지어졌다고 전해 온다. '홍장고사'란 강원감사 재임시 홍장과 사귀었던 박혜소(朴惠蕭) 신(信)이 강릉을 다시 찾았을 때 강릉부사 조석간(趙石磵) 걸흘(乞屹)과 홍장이 이곳 경포호수에서 뱃놀이를 하며 미리 계획한 속임 장난으로 한때를 즐겼었다는 이야기이다. '야우'는 밤에 뿌리는 부슬비를 이르는 것인즉 '홍장야우'란 밤에 홍장암을 적시는 부슬비를 말하는 것으로, 홍장의 미모와 재주를 아끼는 후세인들의 마음까지를 아울러 나타낸 것이라 보여진다.

경포대의 옛 모습.(1940년대초)

6. 증봉낙조(甑峰落照) : '증봉'은 경포대 서북쪽에 위치한 '시루봉〔甑峰〕'이라는 산을 말한다. 석양녘에 저녁노을이 걸려 있는 시루봉의 낙조는 이곳의 아름다운 정경의 하나다.

7. 환선취적(喚仙吹笛) : 이곳은 신라의 선인(仙人)인 영랑(永郎), 술랑(述郎), 남랑(南郎), 안상(安祥) 등 네 선인의 취유처(聚遊處)로 바둑 두고 심신을 수련 연마하던 곳이기도 하다. 시루봉에서 바둑 두며 부는 피리소리가 달빛 고요한 밤이면, 송정(松亭)까지 들렸다는 이야기가 전해오고 있다. 이 '환선취적'은 네 선인이 놀던 지난날의 선간(仙間)을 회상하는 후세인들의 마음의 표현이라 할 것이다.

8. 한송모종(寒松暮鐘) : 신라 불교의 융흥기를 상징하는 한송사(寒松寺) 저녁 쇠북소리가 은은히 이곳 경호까지 울려 퍼지는 것은 정적에 싸인 경호에 한가닥 파문을 던지는 영혼의 음향이리라. 초당에선 저녁 연기가 오르고, 시루봉엔 낙조의 구름이 걸렸을 때, 멀리서 은은히 울려오는 저녁 쇠북소리는, 지금은 맛볼 수 없는 실로 선경에 가까운 풍경이리라.

이렇듯 경포팔경(鏡浦八景)은 바로 방해정의 자연미를 이르는 말이기도 하다. 선교장 이씨가에선 이곳을 장원(莊園)으로 꾸미고 이 속에서 음풍농월했었으니, 현대식 시설이 들어서는 오늘날 경포의 모습에서 자연의 풍치가 마멸되어 잊혀져 가는 것을 생각할 때 일말의 적막감조차 느끼게 됨을, 순연한 회고의 정으로만 돌릴 수 있을 것인가.

4

선교장의 건물은 앞서 말했듯이 몇 가지 특이한 점을 가지고 있다. 그 건물 배치가 통일감이나 구조미가 결여된 듯하다고 보는 견해도 있으나, 활달한 인간성이 물씬 풍기는 순박한 너그러움을 갖고 있으며, 현재 남아 있지 않은 서별당이나 밖의 별채들, 그리고 여기에 딸린 초가들까지를 포함한 한 골짜기의 배치구조를 보면 그런 대로의 짜임새가 있다고도 보여진다.(〈도면 1〉 참조)

이제 유실된 건물을 포함하여 각 건물별로 그 구조를 자세히 살펴보기로 한다.

1. 안채 주옥(主屋)

이 건물은 무경 이내번이 개기(開基)하던 당시(英祖朝)의 건물이라 전해지고 있다. 당시 번성했던 이씨가의 풍모를 지니면서, 민간형의 성격을 가장 강하게 띠고 있는 것이 이 건물이다. 〈도면 1〉에서 볼 수 있듯이 안채로 들어가는 대문이 따로 있고, 들어서면 안뜰을 앞에 하고 안방과 건넌방이 있고, 각 방마다 '반침(半寢 : 큰 방에 붙은 작은 방)'이 딸려 있어 살림도구를 넣어둘 수 있게 되어 있다. 안방은 이 집안에서 가장 어른이 되는 부인이 거처하는 곳이다. 안방에는 뒤편으로 '골방'이 딸려 있어, 무더운 여름철이면 평상을 놓고, 그 위에서 시원하게 생활할 수 있도록 되어 있는 내밀한 장소이다. 또, 안방이나 건넌방에는 각각 벽장이 붙어 있고, 골방과 건넌방에는 다락이 있어, 한국 민가의 생활상을 엿볼 수 있게 한다. 안방과 건넌방 사이에는 전형적인 한국 고유의 대청마루가 있

안채의 부엌 내부.(1940년대초)

안채 앞뜰에 있는 장독대.(1940년대초)

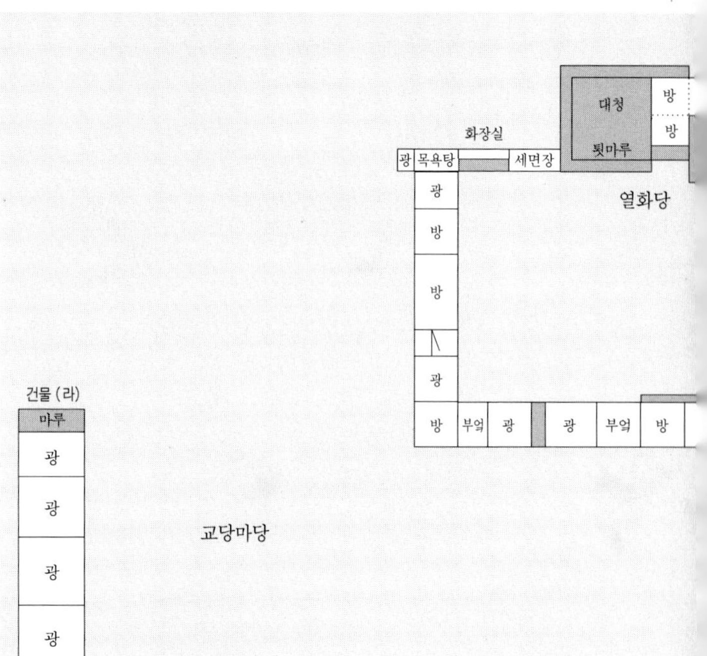
대청
방
방
화장실
광
목욕탕
세면장
툇마루
열화당
광
방
방
광
건물 (라)
마루
방
부엌
광
광
부엌
방
광
광
교당마당
광
광
건물 (다)
창고

【도면 1】선교장 배치 약도

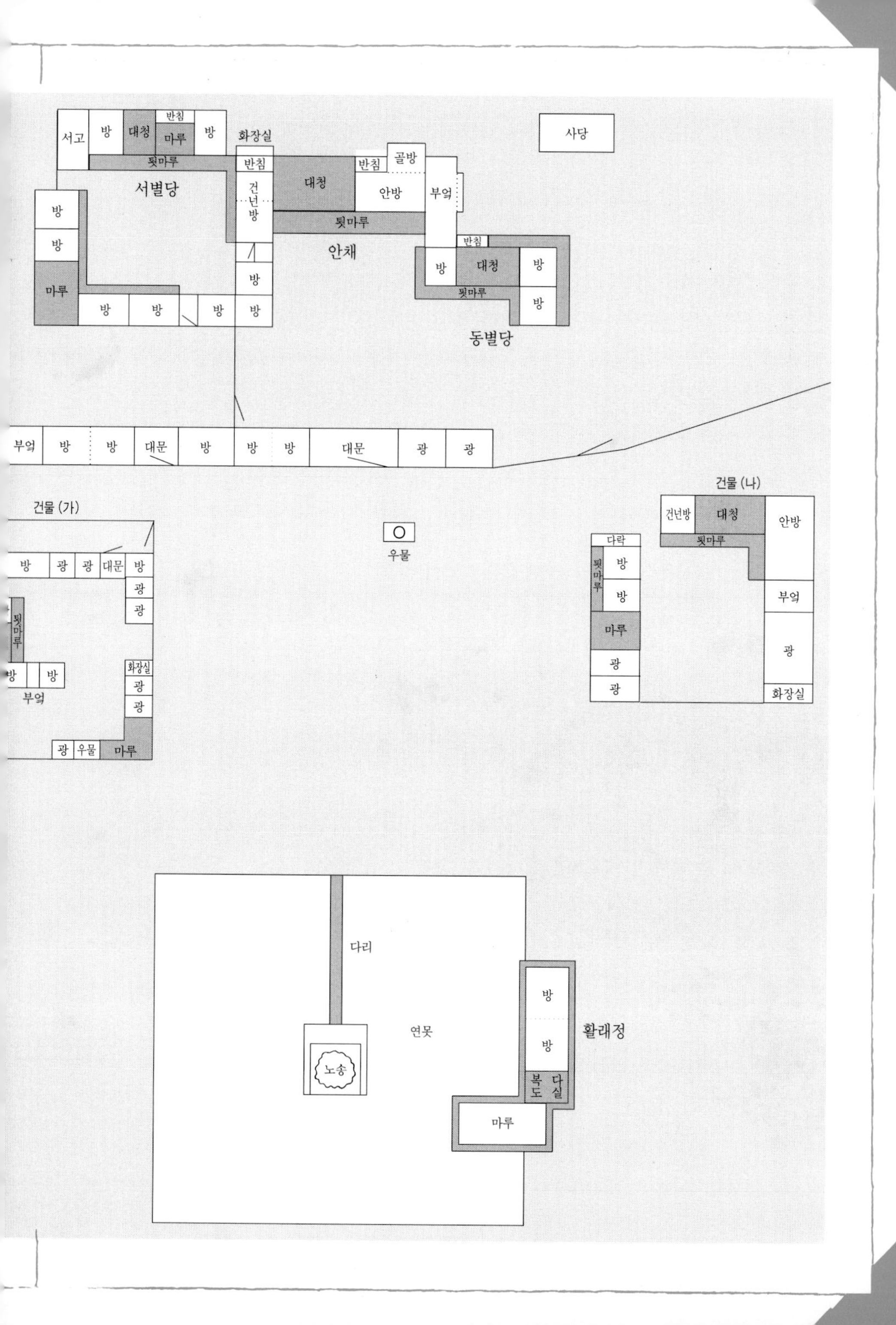

서고
방
대청
반침
마루
방
툇마루
서별당
화장실
반침
건넌방
대청
반침
골방
안방
부엌
툇마루
안채
사당
방
방
마루
방
방
방
방
방
반침
방
대청
방
툇마루
방
동별당
부엌
방
방
대문
방
방
방
대문
광
광
건물 (가)
방
광
광
대문
방
광
광
툇마루
방
방
부엌
화장실
광
광
광
우물
마루
우물
건물 (나)
건넌방
대청
안방
툇마루
다락
툇마루
방
방
마루
광
광
부엌
광
화장실
다리
연못
노송
방
방
활래정
복도
다실
마루

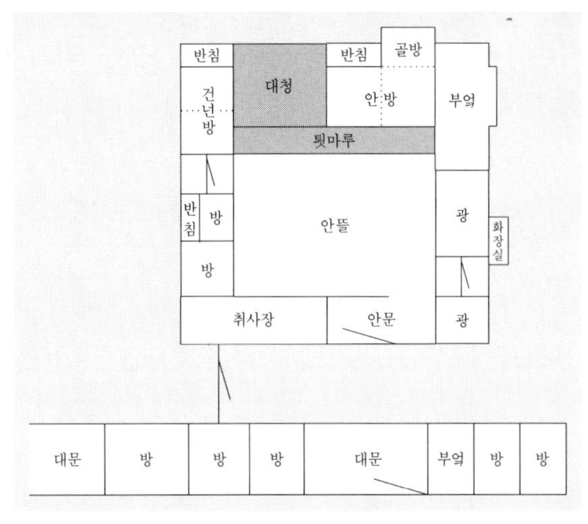

【도면 2】동별당 건립 이전의 안채 평면도

으며, 안방 앞에서부터 건넌방 앞까지는 널찍하게 연결한 툇마루가 있다.

건넌방은 안방을 사용하는 부인의 큰며느리가 거처하는 방이다. 뒤편엔 난간을 붙인 툇마루가 있어, 서별당으로의 통로를 이루고 있다. 또 눈길을 끄는 것은 부엌이다. 상당한 넓이를 확보한 부엌은 이씨가가 대가족으로 이루어져 있음을 분명하게 보여준다.

오은거사 때에 만들어진 것으로 전해지는 건넌방 남쪽으로 연결된 방은 그 일부만이 현존하고 있다. 오은은 아우인 일여(日汝) 이승조(李昇朝)의 가족을 이곳에서 생활하게 했고, 막내아우 월여(月汝) 이항조(李恒朝)의 가족으로 하여금 열화당의 한 방에서 거처하도록 했다는 것이다. 이 건물은 동별당 건립 때에 안문채와 함께 헐렸다고 전한다. 동별당 건립 이전엔 안채가 〈도면 2〉에서 볼 수 있듯이 ㅁ자형으로 되어 있었던 것이다.

2. 열화당(悅話堂)

순조(純祖) 15년(1815)에 오은거사가 건립한 건물로서, 선교장의 여러 건물 가운데 대표격인 건물이다. 건물이름은 도연명(陶淵明)[23]의 「귀거래사(歸去來

23. 도연명(陶淵明, 365-427)은 중국 진(晉)나라 때의 시인으로 이름은 잠(潛)이다. 405년에 팽택(彭澤)의 영(令)이 되었으나, 「귀거래사(歸去來辭)」를 남겨두고 귀향했다.

당시 선교장주인 경농 이근우(가운데)가 내객, 친지 들과 열화당 앞뜰에서 찍은 사진.
(1935년경)

겨울철 사냥복 차림의 내객을 열화당에서 맞이한 경농 이근우.
(뒷줄 앉은이들 중 가운데, 1904년)

辭)」의 다음 구절에서 연유했다고 한다.

…세상과 더불어 나를 잊자. 다시 벼슬을 어찌 구할 것인가. 친척들의 정다운 이야기를 즐겨 듣고, 거문고와 책을 즐기며 우수(憂愁)를 쓸어 버리리라. …

〈前略〉

世與我而相遺 復駕言兮焉求

悅親戚之情話 樂琴書以消憂

〈後略〉

이 건물이름에서 "일가친척이 늘 열화당에 모여 정담을 나누고 싶다"는 오은 거사의 뜻을 더듬어 볼 수 있으며, 아울러 일찍 세상을 떠난 아우들을 그리워하는 사랑의 정을 엿볼 수 있다. 이러한 열화당은 오은 이후로는 이씨가의 사랑채 역할을 하면서 지금까지 내려오고 있다. 〈사진 1〉에서 볼 수 있듯이 계단 대여섯 개를 딛고 올라가도록 높직하게 위치하고 있고, '작은대청'은 누마루 형식을 지닌 운치있는 구조이다. 앞툇마루는 상당한 넓이를 확보하고 있어, 여름철에 허물없는 손은 여기서 접대할 수 있도록 되어 있다. 이곳의 가장 중심부인 대청의 서북쪽으로 난간을 부착한 툇마루가 앞툇마루를 연결지어 돌게 되어 있어 열화당의 대부분이 마루로 되어 있다고 해도 지나치지 않을 정도다. 방은 ㄴ자 형상으로 '작은대청'과 '대청' 사이에 위치하였고, 장지문으로 사이를 막으면 셋으로 나눌 수 있도록 만들어졌다. 굴뚝은 대청 뒤로 약 삼 미터 가량 물려서 높이 쌓아올렸으며, 이 건물의 특징으로는 뭐니뭐니해도 대청의 T자형 대들보와 벽이 온통 문짝으로 둘려져 있다는 점을 들 수 있다. T자형 대들보는 우리나라에서 흔히 볼 수 있는 것이 아니며, 또 여름철에 문짝을 전부 떼어 걸어 놓으면 전후좌우로 통풍이 되어 자연의 흥취를 만끽할 수 있다. 더욱이 뒷산의 노송과 함께 열화당 옆에 있는 계화나무와 대청 뒤뜰에 서 있는 수령 수백 년이 된 늙은 백일홍나무는 열화당의 지나온 역사를 묵묵히 지켜 보아온 증인들이다.

3. 동별당(東別堂)

경농(鏡農)이 건립한 건물로서, 안채와 연결된 별당이다. 전체적인 구조를 보아 균형을 잃은 듯이 보이나, 서별당이 복원된다면 그 나름대로의 짜임새를 찾

안채 대문을 들어서며 본 동별당.(1940년대초)

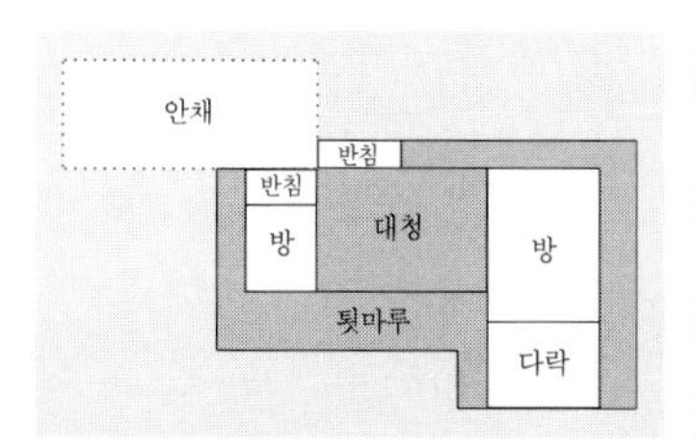

【도면4】 옛 동별당 평면도

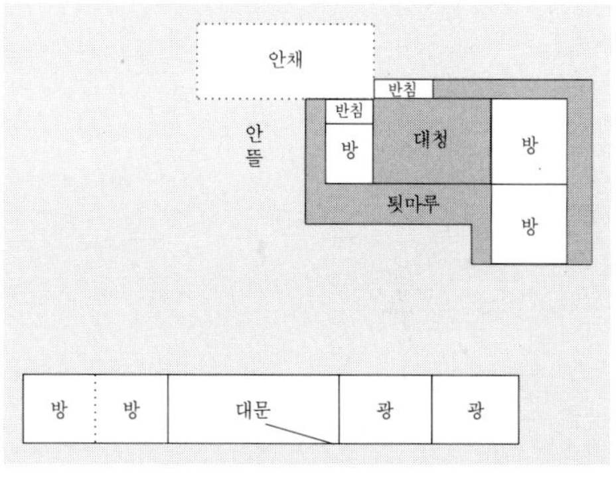

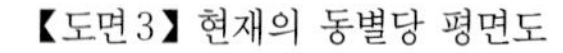

【도면3】 현재의 동별당 평면도

을 수 있지 않을까 생각된다. 생활 용도에 있어서는 안채와 연결되어 있다는 데에 큰 의미가 있다 하겠다. 이씨가의 주인으로서 가족들과 함께 생활할 수 있는, 안채에 접근된 거처가 이곳이기도 하다. 안채와 같은 높이로 석축을 쌓아 그 위에 세운 이 건물은 〈도면 3〉에서 볼 수 있듯이 큰 방이 있어 장지로 막으면 두 개의 방으로 쓸 수 있도록 되어 있지만, 그것은 최근에 개조된 것이고, 본래는

안채로 통하는 대문 밖에 있는 우물의 모습.(1940년대초)

〈도면 4〉와 같이 방에 다락이 있고 그 다락 밑으로 부엌이 있었다. 역시 대청이 있고 건넌방이 있으며, 건넌방과 대청엔 각각 반침이 달려 있다. 앞툇마루는 역시 넓고, 뒤로 돌게 되어 있는 좁은 툇마루가 있다.

4. 서별당(西別堂)

현존하지 않는 건물로, 무경(茂卿)의 증손인 인의공(引儀公) 익옹(翼翁) 이용구(李龍九) 때에 건립되었으며, 안채와 열화당과의 사이인, 가장 깊숙한 곳에 위치하고 있다.

이씨가의 서재요 서고였던 이 건물은 석축을 한 돈대(墩臺 : 조금 높직한 평지) 위에 안채와 같은 높이로 연결되어 있다.(〈도면 1〉 참조) 서고(書庫)는 누마루 형식으로 되어 문을 열면 통풍이 잘 되고, 마루는 여름철, 방은 겨울철의 독서실로 이용되었다.

서별당 앞의 ㄴ자형 건물은 지금은 방과 마루로 되어 있지만, 최근까지도 열화당으로 통하는 통로와 곳간으로 사용되었다. 그 앞으로는 안채와 사랑채 사이를 구획하는 벽돌담장이 있어 당시의 철저한 남녀유별 풍속을 보는 듯하다. 또 서별당 앞의 마당을 '받재마당'이라고 하여 이 마당에서는 밖에서 정리된 재산(금전이나 곡식)을 안으로 받아들일 때 사용되던 곳이다. 그렇기 때문에 이곳에 ㄴ자형으로 곳간이 연하여 있었다.

5. 행랑

지금은 동별당 앞에서 열화당 앞까지 一자형으로밖에 남아 있지 않지만, 일제 때까지만 하더라도, 〈도면 1〉에서 보여주듯이, 열화당까지 ㄴ자형으로 연결되어 이씨가 젊은이들이 사용하는 작은사랑 역까지도 맡고 있었다. 특히 열화당에 연결된 부분(〈도면 1〉 참조)은 '삼칸사랑(작은사랑)'이라고 하여 이씨가의 다음 주인이 될 장남이 거처하던 곳이며 내객들의 숙소도 모두 '삼칸사랑'을 포함한 행랑채를 사용했었다.

행랑채에는 곳간과 마굿간도 있었으며, 대문 옆 방은 하인들이 사용하던 곳이다.

이 밖에도 서당(書堂)을 비롯하여 일상용품인 약재(藥材), 공구(工具) 들을 자급자족할 수 있도록 약방(藥房), 공방(工房) 들을 이곳에 두었다.

6. 활래정(活來亭)

주회옹(朱晦翁)[24]의 시 「관서유감(觀書有感)」에서 의미를 취하여 이름지은 활래정은 순조(純祖) 16년(1816)에 오은거사가 건립한 것으로, 현재의 건물은 오은의 증손인 경농(鏡農)이 중건한 것이다.

주자의 「관서유감」을 여기 옮겨 본다.

작은 연못이 거울처럼 펼쳐져
하늘과 구름이 함께 어리네
묻노니 어찌 그같이 맑은가
근원으로부터 끊임없이 내려오는 물이 있음일세

半畝方塘一鑑開
天光雲影共徘徊
問渠那得淸如許

24. 주희(朱熹, 1130-1200)는 성리학(性理學)을 대성한 남송(南宋)의 대유학자로, 회옹(晦翁)은 그의 호이다. 후세 사람은 주자(朱子)라 떠받들어, 성리학을 주자학(朱子學)이라고도 일컫는다. 저서로는 『사서집주(四書集註)』 『자치통감강목(資治通鑑綱目)』 『소학(小學)』 『근사록(近思錄)』 등 많다.

1925년경 초여름. 활래정에 온 내객들의 모습.

1935년경의 겨울. 활래정을 사용하지 않는 계절이어서 문은 닫혀 있고,
내객들은 바깥 툇마루에 서서 기념촬영을 하고 있다.
'活來亭' 현판이 1925년경과 달라진 것을 알 수 있다.

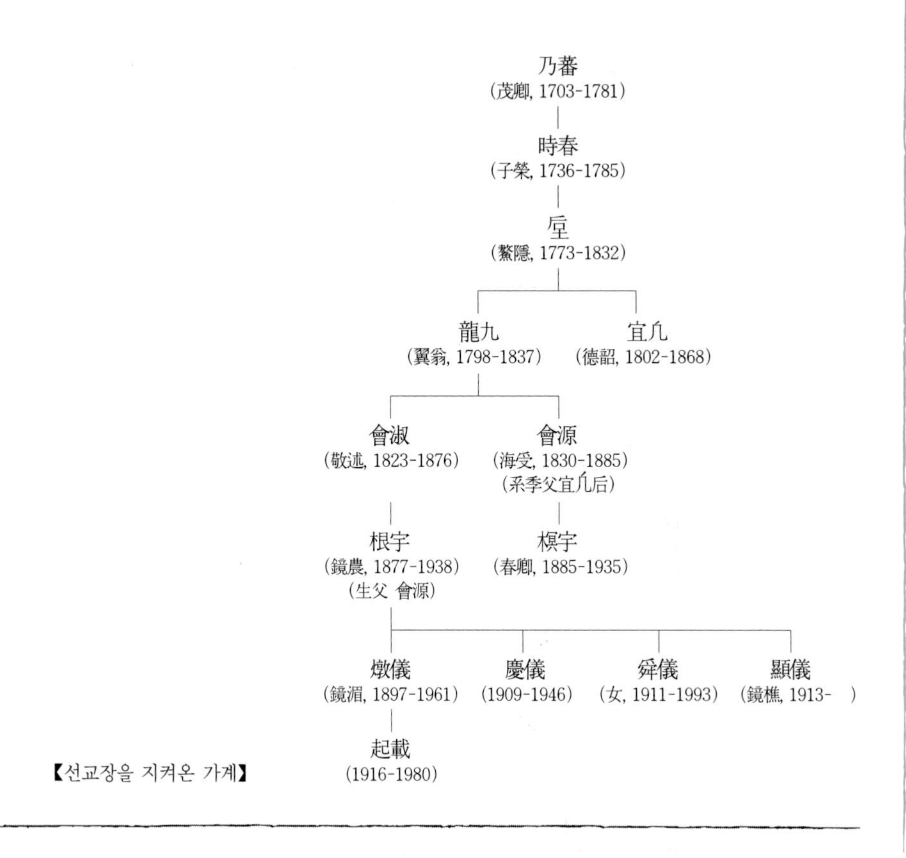

【선교장을 지켜온 가계】

爲有源頭活水來

그러므로 선교장에선 한밭〔大田〕의 태장봉(胎藏峰)으로부터 끊임없이 내려오는 맑은 물을 이 연못의 활수(活水)로 하고 있다.

서울 비원(祕苑)의 부용정(芙蓉亭)과 흡사한 모습으로 축조된 이 건물은 마루가 연못 안으로 들어가 돌기둥으로 받쳐놓은 누(樓) 형식으로 되어, 건물의 일부가 물 가운데 떠 있는 듯한 형상을 보여준다. 장지문을 지르면 두 개가 될 수 있는 온돌방이 마루와 합쳐서 ㄱ자형으로 놓여져 있고, 이 방과 마루를 연결시키는 복도 옆에는 접객할 때 차 끓이는 다실(茶室)이 있어 근세 한국 특유의 건축양식을 보여주고 있다.

동진학교 앞뜰에 게양된 태극기 앞에서 학생들과 함께 한 경농 이근우.(1908년경)

열화당처럼 이 건물 역시 벽은 흙을 붙이지 않고, 오로지 문으로만 둘러 있으며, 안에는 순조 때 영의정인 운석(雲石) 조인영(趙寅永)의 「활래정기(活來亭記)」가 있고, 오은의 증손인 경농과 현손인 경미(鏡湄) 이돈의(李燉儀)의 「활래정중수기(活來亭重修記)」가 있다. 활래정의 현액은 성당(惺堂) 김돈희(金敦熙), 해강(海岡) 김규진(金圭鎭), 규원(葵園) 정병조(鄭丙朝) 등이 썼고, 이진화(李鎭華), 임준상(任俊常), 심동윤(沈東潤) 등 수많은 사람들의 현판과, 농천(農泉) 이병희(李丙熙)의 주련(柱聯)이 이 건물의 값진 면모를 한층 돋보이게 하고 있다. 〈도면 1〉에서 보여주듯이, 선교장 동구에 위치한 이 건물은 연잎과 연꽃이 한창일 때는 뒷산의 노송과 고목들과 잘 어울려, 뛰어난 풍경 가운데서도 뛰어난 한 폭의 그림이라 할 만하다. 〈도면 1〉에서와 같이, 전에는 건너 다닐 수 있는 보교(步橋)를 놓아 가운데 있는 노송 아래에서 자연의 흥취를 맛볼 수 있었다.

7. 기타

〈도면 1〉에서 볼 수 있는 선교장 본건물의 앞 별채(건물 '가')는 경농 때의 것으로 소실(小室)이 거처하던 집이었다. 그런 이유로 대문을 작게 만들었고 선교장 본건물보다 낮은 곳에 위치하도록 했던 것으로, 육이오 이후에 유실되었다.

또 동별당 앞의 별채(건물 '나')는 오은의 손(孫)으로 공조좌랑(工曹佐郞), 동부승지(同副承旨), 강릉부사(江陵府使) 겸 관동소모사(關東召募使)를 역임했던 승선공(承宣公) 이회원(李會源) 때의 건물로서 대가족제도에서 연유한 가족의 팽창으로 그 일부를 분가시켰던 별채였으나 팔일오 광복 직전에 헐리어 지금은 전하지 않는다.

〈도면 1〉에서 보여주는 거대한 창고(건물 '다')가 있어 이씨가의 번영을 상징해 왔으나 이 역시 육이오 당시 소실되었으며, 〈도면 1〉의 건물 '라'는 창고로 사용되었으나, 그 자리는 신식교육을 목표로 개교한, 한국사학(韓國私學)의 효시인 동진학교(東進學校)의 요람이었다. 1908년 경농에 의하여 개교된 이 학교는 몽양(夢陽) 여운형(呂運亨) 등 유수한 인물을 교수로 초빙하여 인재를 양성하였으나, 일제의 은밀한 탄압에 의하여 폐교당하고 말았다. 여기서 배출한 인재로는 송서(松西) 최찬익(崔燦翊), 권오석(權五錫), 조규대(曺圭大) 등이 있으며, 그 당시 부르던 애국가와 행보가(行步歌)・체육가(體育歌) 등이 지금도 전하여지고 있으니, 건물은 다 스러져 버리고 빈터만이 남아 당시 건학(建學)의 뜻을 전하고 있을 뿐이다.

부록

完山世稿 船橋荘 所藏品 目錄

李起墅 編

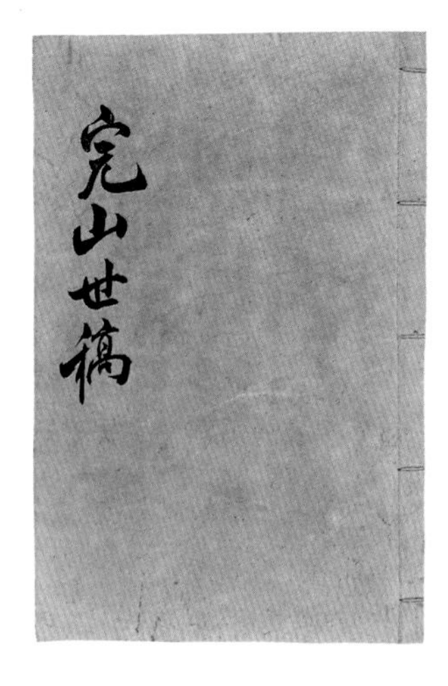

선교장 이씨가의 문집인
『완산세고』(1946년간).

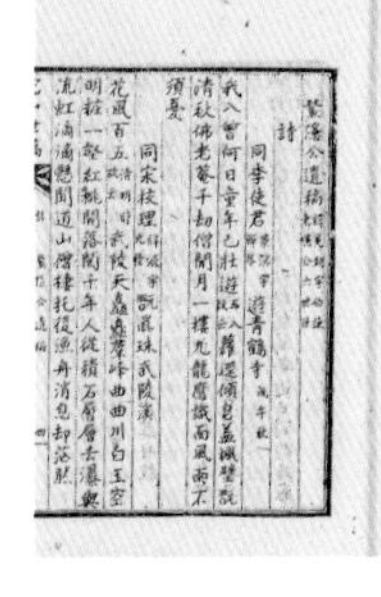

鶯溪公遺稿 [illegible]

詩

同李使君 [illegible] 遊青鶴寺 [illegible]

我入曾何日童年已壯遊 [illegible] 蕭遲傾邑蓋 [illegible]
清秋佛老蓑千劫僧閒月一樓九龍鷹識面風雨不
須憂

同宋校理 [illegible] 詠眞珠武陵溪

花風百五 [illegible] 日武陵天矗矗叢峰曲曲川白玉空
明粧一盤紅桃開落閱千年人從積石層層去瀑與
流虹滴滴懸閒道山僧棲托後漁舟消息却落然

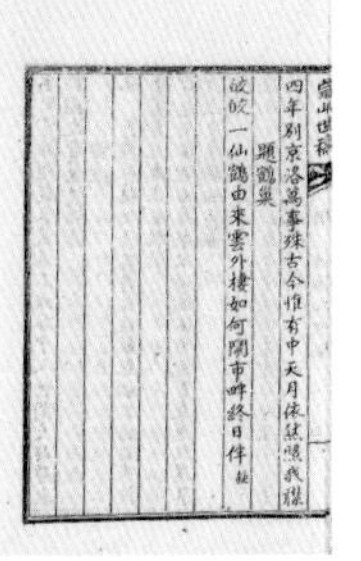

四年別京洛萬事殊古今惟有中天月依然照我襟

題鶴巢

皎皎一仙鶴由來雲外棲如何閙市畔終日伴 [illegible]

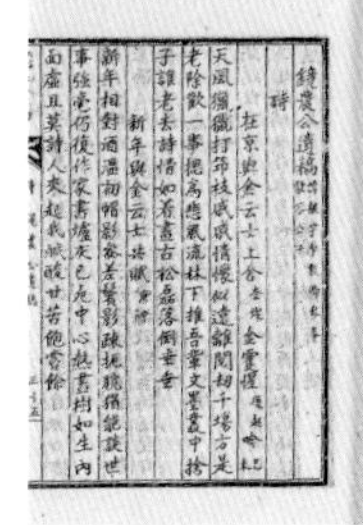

鏡農公遺稿 [illegible]

詩

在京與金云士 [illegible] 金雲程 [illegible]

天風獵獵打窓枝感感情懷似遠離閒卻千場方是
老除歡一事抛爲懸亂流林下推吾輩文星叢中捨
子誰老去詩情如看畫古松磊落倒垂垂

新年與金云士 [illegible]

新年相對酒溫初帽影蓉差鬢影疎撫魏猶能談世
事強憑仍復作家書爐灰已死中心熱書樹如生內
面虛且莫詩人來起我城酸甘苦飽當餘

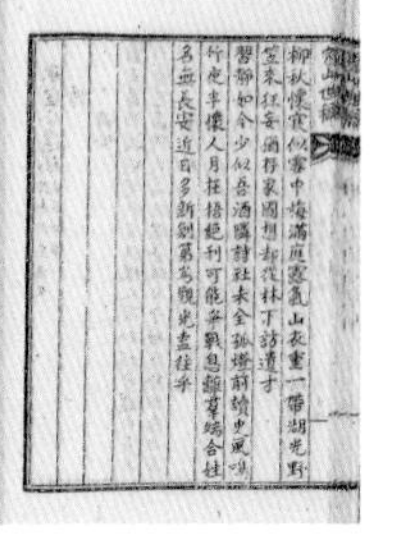

柳秋懷宦似寄中梅滿庭露亂山夜重一帶湖光野
笠來狂妄酒杯家國想却從林下訪遺才
響聯如今少似吾酒隣詩社未全孤燈前讀史風喧
竹夜半懷人月桂梧起利可能爭戰息雖莫蝸舍娃
名無長安近日多新劍莫為觀光盡往乎

日始此經營一統時 [illegible] 空遊水王孫 [illegible]
全枝夜來惟有臺前月秋管閑情不管遊

記

活來亭重修記

豁視 [illegible] 不十數武而爲池池不數畝而方如御斗
築石于池心而爲嶼拳小如升 [illegible] 其嶼頂而置亭當
容數三人緣嶼而 [illegible] 爲橋以渡往來焉此乃先
曾王父之所刱建也而以今 [illegible] 之則其制度之
[illegible]
王父及先大人皆以 [illegible]

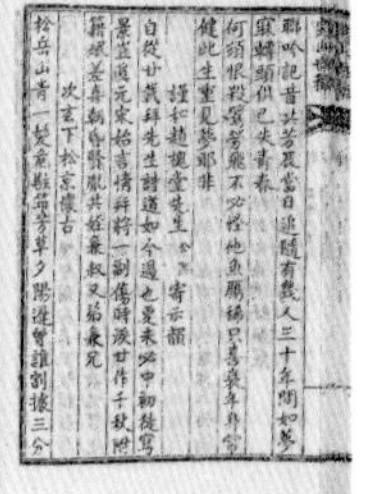

聯吟記昔共芳晨當日追隨有幾人三十年間如夢
寐 [illegible] 已失青春
何須恨殺 [illegible] 不必 [illegible]
健此生重見夢耶非

謹和趙 [illegible] 堂先生 [illegible] 寄示韻

自從廿載拜先生謝道如今過也 [illegible]
景 [illegible] 元宋始言情 [illegible] 一副傷時淚 [illegible] 作千秋 [illegible]
[illegible]

次玄下松京懷古

松岳山青一髮 [illegible] 芳草夕陽 [illegible] 誰割據三分

[illegible]

放海亭重修記

昔我從王父山石府君以文酒著名當世性喜山水
如金剛雪岳九湖萬瀑諸勝尤其所愛而 [illegible] 題詠
[illegible]

【『完山世稿』에 대하여】

『완산세고』는 동은공(東隱公)과 그 아래로 오은공(鰲隱公), 인의공(引儀公), 산석공(山石公), 흡곡공(歙谷公), 승선공(承宣公), 경농공(鏡農公), 도합 일곱 분이 남기신 유고 가운데서 가려 뽑은 몇 편의 시문과 또 이 분들에 관계되거나 기리는 글들을 선별 분류하여 부록으로 묶어 놓은 책이다.

이 가운데 「오은유고(鰲隱遺稿)」와 「경농유고(鏡農遺稿)」는 이미 간행되었고, 나머지 분들의 유집도 필자의 조부(鏡農公)께서 펴내려 준비하셨으나 여의치 못하여 필자의 백부(諱 燉儀, 號 鏡湄)께서 이미 간행된 유집과 아직 간행되지 않은 유고를 가려 뽑고 관계있는 글들을 묶어 병술년(丙戌年, 1946)에 『완산세고』라는 이름의 책으로 내놓으시게 되었다.

이번 『강릉 선교장』을 수정 보완 발간함에 즈음하여 『완산세고』 가운데서 '선교장'과 관계있는 내용의 것만을 발췌 번역하여 부록으로 붙였으니, '선교장'에 담긴 조상의 뜻과 그 정회(情懷)를 뒷사람들이 직접 접함으로써 '선교장'을 아는 데 도움이 되었으면 한다.

고문헌연구가 이겸로(李謙魯) 씨는 『서지학』 제6호('通文館 40周年紀念特輯號' 1974. 12. 30)에 실린 「구한말 석판인쇄 약고(略考)」에서 「오은유고」가 기유년(己酉年, 隆熙 3年, 1909) 중추(仲秋)에 활래정(活來亭)에서 석판인쇄로 발행되었다는 기록을 들어 우리나라 최초의 개인문집 석판인쇄본으로 평가하고 있다. 이러한 인쇄문화에 대한 우리 조상의 선각적인 의식은 오늘의 열화당 출판사를 통하여 출판문화의 정신적인 맥으로 이어지고 있다고 볼 수 있다.

이 글의 번역에는 김용철(金容徹) 군의 도움이 컸다. 여기서 고마움을 표하고자 한다.

•『완산세고』는 다음 일곱 분의 유고로 이루어져 있다.

동은공(東隱公) 휘(諱)는 성(惺)이고 자는 자성(子省)이다.
이조참판(吏曹參判), 부제학(副提學)을 지냈다.
완계군(完溪君)이다.

오은공(鰲隱公) 휘는 면조(冕朝)요 자는 백겸(伯謙)이니
동은공의 육대손이다.

인의공(引儀公) 휘는 용구(龍九)요 자는 익옹(翼翁)이니
오은공의 아들이다.

산석공(山石公) 휘는 봉구(鳳九)요 자는 덕소(德韶)이며
관직은 군수를 지냈다. 인의공의 아우이다.

흡곡공(歙谷公) 휘는 회숙(會淑)이요 자는 경술(敬述)이니
인의공의 아들이다.

승선공(承宣公) 휘는 회원(會源)이요 자는 해수(海受)이다.
공조좌랑(工曹佐郞), 동부승지(同副承旨),
강릉부사(江陵府使) 겸 관동소모사(關東召募使)를
지냈다. 흡곡공의 아우이다.

경농공(鏡農公) 휘는 근우(根宇)요 자는 부경(敷卿)이며 참봉을 지냈다.
흡곡공의 아들이다.

•이 부록에서는『완산세고』에서 '선교장'과 관련된 글만 간추렸기에
'동은공' '흡곡공' '승선공' 세 분의 유고는 생략되었다.

【完山世稿】

【완산세고서(完山世稿序)

병이 오래되어 혼곤(昏困)한 중에 홀연 문밖에서 두드리는 소리가 났다. 나아가 맞이하고 보니 이에 나의 세우(世友)인 침랑(寢郞)[1] 이돈의(李燉儀)였다. 선영(先塋)에 성묘하는 길에 여러 번 경성(京城)에 들렀었는데 이제 시골의 적막한 바닷가에까지 찾아오니 그 마음이 진실로 감동스러웠다.

그가 소매에서 『완산세고(完山世稿)』 한 책(册)을 꺼내놓고 말했다.

"이것은 우리 선조이신 동은공(東隱公) 아래로 오대(五代)의 유고(遺稿)입니다. 이 중에 오은(鰲隱) 경농(鏡農) 두 분의 유집(遺集)만이 겨우 간행되었고 나머지 삼대(三代)의 유고는 돌아가신 아버님께서 일찍이 시와 문 몇 수를 모아 분류하여 묶어놓고 인쇄에 부칠려고 하였으나 훌륭한 뜻을 이루지는 못하셨습니다. 소자가 오래 될수록 흩어져 잃어버릴까 두려워 인쇄하려고 하는데 삼가 살펴보아 주시기 바랍니다."

이에 책 머리말을 부탁하는 것이었다.

내가 이에 손을 씻고 삼가 읽어보았다. 며칠 동안 깊이 음미하며 해석해보고는 그 시(詩)와 예(禮)의 연원(淵源)이 대대로 이어져 가르침이 가문 안에서 이루어져 그 내려온 것이 없어지지 않는 것에 마음속으로 감탄하였다. 대개 그 말을 구사하는 속사(屬辭)는 맑고 새로우면서도 옛것에 가깝고 전아하면서도 속되지 않으며 때때로 『시

---

1. 침랑(寢朗)은 종묘(宗廟)·능침(陵寢)·원(院) 등을 관리하는 영(令)·참봉(參奉) 등을 두루 이르는 말이다.

경(詩經)』의 풍자하는 뜻도 갖추었다. 가문 내의 체제를 이어받아 그 궤범(軌範)을 벗어나지 않고 자득(自得)한 묘미가 마음에 쌓여 밖으로 나타난 것이었다. 이것이 어찌 옛날에 말한 바 "길한 사람의 말은 적으니 주옥(珠玉)이 보배가 되는 것은 많아서가 아니요 고기 한 점을 맛보고도 한 솥 전부의 맛을 알 수 있다"는 것이 아니겠는가.

기억하건대 전에 승선공(承宣公)[2]은 우리 아버님과 마음맺음이 매우 두터웠다. 항상 밖에 나가 성 서쪽 옛집에 사시면서 아침저녁으로 서로 따르면서 노적가리며 창고를 모두 기울여 위하셨고 해가 저물어가는 것도 알지 못하셨다. 그때 내가 어린 나이에 상 아래에 꿇어 절하고 가까이 모시면서 가르침을 받았던 것이 정말로 마치 어제 일 같다. 어느덧 잠깐 돌아보는 사이에 세월은 쉽게도 흘러 그 음성과 모습 들은 사라져 가고 노숙하고 숙성하신 모범을 다시 뵈올 수 없게 되었다. 지금 이렇게 흰머리가 된 나이에 외람되이 예교(禮敎)에 관계된 일을 하게 되었으니 사람일의 어제오늘을 헤아려 보매 그 느낌에 어찌 슬그머니 눈물이 흘러내리지 않겠는가. 이미 이제 세상에 없으심을 사모함이 절절하고 또 선조를 잇고 서술하려는 침랑군(寢郎君)의 정성이 더하여졌으니 함께 영화롭자고 하는 것으로써 핑계를 삼아 드디어 사양하지 못하고 간략하게 전말(顚末)을 기록한다.

해는 병술년(丙戌年) 시월 초하루, 달성(達城) 서만순(徐晩淳)[3]이 삼가 쓰다.

完山世稿序

病淹昏涔中 忽聞門外有剝啄聲. 出而迎之 乃余世友李寢郎燉儀也. 以其先塋省掃之路 歷入京城委訪於荒村寂寞之濱者 其意固可感. 而袖示完山世稿一册曰 此吾先祖東隱公以下五世遺稿也. 其中鰲隱鏡農兩府君遺集 讒已刊行 而至於三世遺稿 先考嘗裒輯詩文若干首 分類而編之 擬付剞劂齎志未就. 小子懼愈久而散佚 將謀鋟梓 徼惠校勘. 仍徵弁卷之文. 余於是 盥手敬讀. 屢日玩繹 心服其詩禮淵源 世世相承 敎成于家 詒穀不匱者也. 盖其屬辭也. 淸新而近古 典雅而不俗 往往有風人之旨 紹襲家庭之體裁 不踰其軌範 自得之妙 積於中而發於外也. 此豈非古所云 吉人之辭寡 而珠玉之爲寶 不以多 一臠之味 足以知全鼎者歟. 記昔承宣公與余先人情契甚厚 常旅寓於城西故宅 昕夕追隨 傾倒囷

---

2. 승선(承宣)은 조선말의 관직으로, 갑오개혁 때 기존의 승정원(承政院)을 고쳐 승선원(承宣院)으로 하면서 승지가 승선이 되었다. 하지만 의정부가 아닌 궁 안의 일을 관장하는 궁내부(宮內府)에 소속되면서 기존에 승정원의 승지가 가졌던 정치적 역할은 없어졌다. 여기서는 동부승지(同副承旨)를 지낸 회원(會源)을 가리킨다.
3. 서만순(徐晩淳, 1870-1950). 자는 중성(仲成), 호는 취간(翠澗)이다. 구한말의 학자로서 비서원랑(祕書院郎), 홍문관(弘文館) 시독(侍讀), 규장각(奎章閣) 시제(侍制), 규장각 직각(直閣)을 거쳐, 비서원승(祕書院丞), 안변(安邊) 군수, 이왕직이조실록편찬위원(李王職李朝實錄編纂委員)이 되었으며 대구 서씨 대종중문장(大宗中門長)을 지냈다. 유고집 『취간유고(翠澗遺稿)』가 전한다.

廩不覺日色之向曛 顧余稚昧 床下跪拜 撰杖屨而奉咳唾者 宛若昨日. 而轉眄之頃 星霜屢易 音容浸邈 老成之典型 不可復覿. 今此白首之年 猥忝玄晏之役 俯仰人事之感 安得不振觸潸然也. 旣切曠世之慕 又重其寢郞君繼述之誠 竊以托名爲與榮 遂不敢辭 略識顚末云爾.

維歲丙戌孟冬初吉 達城徐晩淳謹序.

새 연못에 꽃을 심고 지은 연구체(聯句體) 시의 서(序) – 을해년(乙亥年)

우리 집은 경포호에서 북쪽으로 십 리쯤 되고 남쪽에 거친 밭 반 무(畝)가 있다. 갑술년(甲戌年)에 네모난 연못을 파고 들의 물을 끌어다가 뜬섬도 쌓았다. 작은 정자도 세우려 했으나 정자는 아직 이루지 못했다. 다음해 봄에 꽃과 나무를 연못가 삼면에 섞어 심고 연도 심고 고기도 놓아 노닐며 구경하는 곳으로 삼았다.

그 넓고 상쾌함이야 경포호에 견주어 말하자면 마른 흙을 돋우어 놓고 소발굽 웅덩이에 물 고인 것과 같을 뿐이다. 하지만 편안히 거처하면서 쉬는 때에 신발 끌고 걸어서 올라보면 꽃향기 짙게 풍겨 오고 물고기 어른거리는데 술 한 잔에 시 한 수로 화평하게 모든 것 얻은 듯하다면 진실로 경포호만 못할 게 없다.

그러나 원림(園林)과 연못이 생겼다가 없어지는 것과 꽃과 나무가 무성했다 쇠락하는 것은 변함없는 이치이니 지금 내가 즐거운 구경거리로 꾸미고 화려하게 만든 것은 다만 내 눈앞의 즐거움만을 주기 위한 것이다. 내 어찌 자손에게 평천장(平泉莊)[4]의 경계를 내리겠는가. 이에 친구인 분경(分瓊)의 운(韻)을 모아서 감흥을 쓴다.

新塘種花聯句序(乙亥)

庄之北爲鏡湖十里 庄之南爲荒田半畝. 歲靑猊鑿方塘 引野水 築浮嶼 營小亭 亭姑未就矣. 翌年春雜植花木於塘之三面 因栽蓮縱魚 以爲遊賞之所. 其浩漫爽豁 論諸鏡湖 不啻若培塿蹄涔. 而至於宴居休息之暇 步屧登臨 則芬馥郁郁 鱗潛潎潎 一觴一詠 雍容自得 固不讓於鏡湖. 然園池之興廢 花木之盛衰 理之常 今吾飾翫好 做繁華 只供吾眼前娛 吾豈爲吾孫以垂平泉之戒也. 遂集僚友分瓊韻 以寫感興焉.

---

4. 당나라 이덕유(李德裕)의 별장 이름. 하북성(河北省) 찬황현(贊皇縣)의 서북쪽과 하남성(河南省) 낙양현(洛陽縣)의 남쪽 삼십 리 두 곳이 있었는데, 여기에서 말하고 있는 것은 후자이다. 이덕유 자신의 「평천수석기(平泉水石記)」가 있다. 이름난 꽃과 나무, 기이한 물건들을 많이 모아 꾸며 놓아서 마치 신선이 사는 곳 같았다고 한다. 여기서는 특히 낙양이 동도(東都)라고 지칭되는 데서 동쪽에 있는 강릉의 선교장에 비유하고 있다. 이 구절에서의 의미는 화려했던 평천장을 이덕유 당대에도 부지하지 못했던 사실을 말하면서 자손까지 이 장원을 물려 주려는 생각의 부질없음을 이야기하고 있다.

오산당기(鰲山堂記)

진사(進士) 권영좌(權永佐)

오산당(鰲山堂) 주인은 산에 살면서 바다의 경치도 겸하여 가졌다. 그 사는 곳에서 십여 궁(弓)[5] 되는 곳에 연을 심는 연못을 파고 못 가운데 섬을 빚고 섬 위에 정자를 얽었다. 정자의 편액은 '활래정(活來亭)'이라 하였으니 주자의 "근원으로부터 끊임없이 내려오는 물이 있음일세(爲有源頭活水來)"[6]라는 시의 뜻을 취한 것이다. 이것은 큰 경치를 놓아두고 도리어 그 뜻을 간략한 데서 구한 것이다.

평소에 쉬는 곳을 이름하여 '오산당(鰲山堂)'이라 하였으니 이것은 좁은 데로 물러가서 또 큰 데로 놓여간 것이다. 진실로 그 마음이 대관령과 동해의 사이에 갇혀 펼 수 없으므로 큰 데서 작은 데로 또 작은 데서 큰 데로 몸과 마음을 맞추어서 억지로 편안하고자 한 것이다. 그러므로 창해에서 자라를 낚은 뜻[7]으로 그것을 맺은 것이다.

대개 예로부터 때를 만나지 못한 사람들이 많이들 강호에 의탁하여 가서 돌아오지 않았으니 이들을 신선이라고 하며 뜻을 잃은 영웅이 많았다. 한데 신선을 이야기하는 사람들은 많이들 동해에 대해서 이야기했다. 바다는 건너편 물가가 없는 것이다. 건너편 물가가 없으면 모든 것을 다 알 수는 없다. 모든 것을 다 알 수가 없으면 막막하고 신기하게 생각하게 된다. 이에 듣는 사람들이 은하수를 가지고 말들을 하게 되었다. 자라가 삼신산을 머리에 이고 있다는 이야기는 하나의 지괴(志怪)와 같은 종류이니 또한 반드시 그것이 있는가 없는가는 속깊이 알아보아야 한다. 그러나 또한 인간세상에서 구하기에는 본래 알맞지 않다. 구한다면 구할 수 있겠지만 또한 믿기에 부족한 것이다.

나는 이번 길에 바다를 보고 느낌이 없지 않았는데 또 자라와 삼신산의 이야기에 촉발됨이 있어 이에 그것을 따라서 말을 했으니 이것은 진실로 주제 밖의 말들이나 또한 주제 안의 말이 아님이 없다.

---

5. 처음에는 과녁까지의 거리를 재는 단위로서 6척(尺) 또는 8척이란 설이 있으나, 현대에는 토지의 장단을 재는 단위로도 쓰이며, 그 길이도 1궁이 5척으로 고정되었다.
6. 주희(朱熹)의 「관서유감(觀書有感)」 둘째 수 중 한 구절이다.
7. 삼신산(三神山)의 유래에 대한 고사. 본래 동해상에는 여섯 개의 떠다니는 섬이 있었는데 이들 섬이 너무 불안정하므로 여섯 마리의 큰 자라로 하여금 지고 있게 하였다. 한데 동해변에 살고 있던 거인족들이 낚시질을 하는데 그 중 세 마리의 자라가 미끼를 무는 바람에 세 개의 섬이 바다에 빠져 버렸다. 이에 나머지 세 개의 섬만 남게 되었으니 이것이 이른바 삼신산이라는 것이다.

鰲山堂記

鰲山堂主人 以山居而兼海觀也. 去其居十餘弓 鑿蓮池 池中象島 島上構亭. 亭扁活來亭 取朱夫子爲有源頭活水來之詩意 是捨大觀而反求諸約也. 於恒息之所 則顔之曰 鰲山堂 是從乎退密而又放諸大也. 固其意有局於嶺海之間 不能自展 由大而小 由小而大 操縱身與心 强欲自適 故以滄海釣鰲之意而結之. 蓋古多不遇之人 托於烟霞之外 往而不返 是謂神仙 多失志之英雄. 而談仙者 多聞於東海海不可涯也. 不可涯則不可究也. 不可究則杳冥怳惚 使聞之者河漢其言也. 鰲載三山之說 類一志怪也. 亦必深究其有無 然亦出於求之人世 而有不自適也. 求之述矣 而又不足信也. 余於今行 亦觀海者 不能無感 而又有觸發於鰲山之說 遂延緣以及之 此固題外之辭 而未嘗非題內之意也.

활래정기(活來亭記)

조인영(趙寅永)

영동(嶺東)에는 물이 많다. 바닷가인데다가 호수가 수십 개나 되는데 경포호가 가장 좋다. 경포호를 빙 둘러 삼십 리에 구부러진 난간과 층층으로 지은 정자들이 가득히 서로 바라보고 있다. 여기 숲과 샘은 본성에 알맞고 전원은 삶을 즐기기에 충분하다. 물과 관계없이 한 굽이 절경을 이룬 것은 또 오죽헌(烏竹軒), 해운정(海雲亭)을 말들하니 호수에서 몇 리 떨어진 곳에 있다.

오죽헌과 해운정 사이에 이사문(李斯文) 백겸(伯謙)의 선교장(仙橋庄)이 있다. 언덕이 둘러 있고 시내가 감싸 안았으며 땅은 기름져 곡식심기에 알맞고 과실과 풀열매며 물고기들은 놓아두고 값을 쳐서 받지도 않으며 또한 산과 바다의 아름다움도 겸하여 갖추었다. 전에 내가 금강산으로부터 돌아오는 길에 경포호를 들러 백겸(伯謙)과 서로 만났다. 술을 들고 달밤에 배를 띄우고 그 집 문을 두들겨서 함께 즐겼다. 매번 이곳에다 땅을 마련하면 주인으로서 이끌어 주기로[8] 약속했었다. 비록 속세에서 매몰되어 마련하지는 못했지만 뜻은 경포호와 동해 사이에 두지 않은 적이 없었다.

올해 가을에 백겸(伯謙)이 와서 말하였다.

"선교장의 왼쪽에 둑을 쌓아 물을 가두어 놓고 전당련(錢塘蓮)을 심었습니다. 그 위에다 정자를 세우고 주자의 시에서 '산 물이 온다'라는 뜻을 취하여 편액을 '활래정(活來亭)'이라 하고 아침저녁으로 거닐면서 즐기고 있습니다. 저의 거처는 그대가 이미 감상하신 바라. 저를 위하여 기문(記文)을 써 주십시오."

---

8. 원문은 '동도주인(東道主人)'. 주인으로서 내방한 손의 안내를 하는 사람, 또는 길을 안내하는 사람을 뜻한다.

내가 말하였다.

"대개 주자는 마음을 물에 비유하신 것이다. 물은 진실로 비어 있는 영역이다. 지금 그대는 진실로 이렇게 투명하고 잔잔한 것으로써 살아 있는 물을 삼으라. 또한 물로 이름을 삼은 것은 모두 살아 있는 사물이다. 샘은 흘러 쉬지 않고 우물은 써도 마르지 않으며 강과 바다는 거대하여 파도가 갖가지 모습으로 나타나니 살아 있지 않으면 물이 될 수가 없다. 하물며 경포호와 동해를 그대 집의 문과 정원으로 소유하고 있음에랴.

모든 골짜기 물이 함께 흘러들어 넓고도 출렁거리며 더함도 덜함도 없어 그 건너편 물가가 보이지 않으니 천하의 다시 없는 뛰어난 구경거리이다. 물이 살아 있는 것이 이보다 더할 수는 없다. 하필 잣다랗게 집의 섬돌이나 옴폭 패인 가운데에 괸 물방울 같은 것을 가지려고 하는가.

그러나 사람의 마음은 본래 살아 있지 않은 것이 없는데 살아 있지 못할까 염려하는 것은 바깥 사물을 소유함으로 인해 누를 받음이 있기 때문이다. 벼슬살이하는 사람은 총애받지 못할까 욕을 당하지나 않을까 걱정한다. 일반 백성은 이익을 따라 다닌다. 선비는 입고 먹을 것과 배와 수레 마련이 없을까 걱정한다.

백겸은 그렇지 않다. 여러 번 춘관(春官)[9]에 올랐고 비록 급제하지는 못했지만 문득 너르게 마음에 두지 않았다. 낙토에 살면 경치좋은 곳을 자기 것으로 삼아 이미 스스로 초탈해서 깨끗해졌고 구속된 것이 없었다. 그러므로 관동의 여러 명승에 마음껏 노닐어 높은 고개와 큰 파도를 실컷 즐겼다.

이에 이 정자는 발자취를 거두고 세상사를 쉬면서 그 마음에 살아 있는 것을 깃들이고자 한 것이다. 그러한즉 마음에 맞는 곳은 진정 멀리 있는 것이 아니다. 작은 연못 한 자 깊이 물도 또한 호수와 바다인 것이다.

만약 그 꽃과 나무가 감싸 서로 비추고 전원에는 향기나는 나무를 깔고 흰이슬이 갈대잎을 푸르게 하고 고기와 새가 사람에게 친히 하는 것은 곧 실제로 구경해야 하는 것이라 글로 써 줄 수가 없으니 내가 다시 동해상에 놀러가기를 잠시만 기다리시라."

活來亭記

嶺東多水. 濱海而湖十數 鏡湖爲最. 環鏡湖三十里 句欄層榭 蔚然相望 而林泉足以適性 田園足以樂生. 不待水而自成一區 則又以烏竹軒海雲亭稱 是離於湖數里地也. 烏竹海雲之間 有李斯文伯謙仙橋庄 岡廻溪抱 土沃宜穀 果窳魚錯 致之不以價 兼有山海之美. 昔余自楓山歸路 過湖與伯謙遇 携酒

---

9. 종백(宗伯)의 벼슬. 주나라 때 육직(六職)의 하나로서 예법과 제사를 담당하였다.

泛月 因叩其庄而樂之. 每欲卜地於此 約以爲東道主人 雖塵埃乾沒 未能自辦 意未嘗不在湖海間也. 今年秋 伯謙來言. 於庄左 築堤而貯水 以錢塘蓮種之 置亭其上 取晦翁詩活水來之義 扁曰活來 晨夕逍遙以自娛. 吾之居 子所賞也. 其爲我記之. 余曰 蓋晦翁以心而喩諸水. 水固虛境也. 今子眞以是淸徹淪漣者爲活水乎. 且以水名者皆活物也. 泉流而不息 井用而不渴江海之大 波浪萬狀 不活不足爲水. 況鏡湖東溟 君家戶庭之所有耳. 萬壑同注 浩浩汪汪 無增無減 不見其涯涘 乃天下絕特之觀 而水之活者無過是也. 何必規規於堂砌盆盎之涓滴者乎. 然人之心 本無有不活 而患不能活者 由其有外物累之也. 仕宦者憂寵辱 庶民徇利 士無以爲衣食之奉 舟車之資. 伯謙則不然 屢上春官 雖不中 輒夷然不以爲意. 處樂土 據名區 已自脫灑而無拘攣矣. 故東地諸勝 能恣其遊 崇嶺巨浸 反爲之厭飫. 此斯亭所以斂迹息機 欲寓其活於心者. 然則會心處 正不在遠 而方塘尺水 亦湖與海也. 若期花樹掩映 桑麻鋪棻 白露蒼蒹 魚鳥親人 卽臨眺之槪而未之述 姑俟我復遊東海之上.

묘갈명(墓碣銘)

공의 휘(諱)는 후(垕)요 자는 백겸(伯謙)이며 초휘(初諱)는 면조(冕朝)이니 스스로 지은 호는 오은(鰲隱)으로 전주 이씨이다. 가계는 태종대왕 둘째아드님 효령대군(孝寧大君)에서 나왔으니 정효공(靖孝公) 휘 보방(補房)은 공에게 십이대조가 된다.

사대(四代)만에 휘 효언(孝彦)이란 분이 계시니 이로부터 종실에 속함이 끝나 비로소 조정에 적(籍)을 둘 수 있게 되었다. 음사(蔭仕)[10]로 현감을 하였고 벼슬자리가 계속 이어져 대대로 이름난 관리가 나왔다. 휘 경두(景岣)란 분은 증(贈) 영의정(領議政) 완풍부원군(完豊府院君)이시다. 휘 성(惺)이란 분은 호가 동은(東隱)이니 이조참판(吏曹參判) 부제학(副提學)을 지냈고 맑은 명성과 곧은 절개로 한 시대의 명신(名臣)이 되었다. 광해군(光海君) 무오년(戊午年) 당시에는 폐모(廢母)하자는 의론에 항거하여 다투었다.[11] 휘 광호(光澔)란 분은 별좌(別坐)에 천거되어 벼슬하셨는데 이학(理學)에 정통하여 세상에서 화담선생(花潭先生) 이후에는 이 한 사람이라고들 하였다.

휘 집(集)이란 분은 음사로 주부(主簿)를 지냈으니 이 분이 공의 고조이다. 증조부는 휘가 주화(胄華)이니 증(贈) 이조참판(吏曹參判)이고 조부는 휘가 내번(乃蕃)이니 장수하여 가선대부(嘉善大夫)로 가자(加資)되었다. 대대로 충주에 살았는데 어려서 아버님[12]을 잃고 어머님의 위간(衛竿)하는 마음을 위로하고자 중년에 강릉 둔호촌(遯湖

---

10. 공신(功臣) 또는 당상관(堂上官)의 자손을 과거에 의하지 않고 관리로 채용하던 제도.
11. 대북(大北)인 정인홍(鄭仁弘), 이이첨(李爾瞻) 등이 인목대비를 폐모시켜 서궁에 가두었던 일. 결국 서인과 남인이 몰락하고 대북이 정권을 완전히 장악하였으나 한편으로 명분을 잃고 고립을 초래하여 광해군 정권의 몰락을 가져왔다.
12. 원문의 '호(怙)'는 '믿을 곳'이라는 의미로 아버지를 이르는 말. 어머니는 시(恃).

村)으로 이사하여 살았으니 곧 오죽헌 바로 이웃이었다. 아버님은 휘가 시춘(時春)이니 덕을 숨겨 벼슬하지 않았고 어머님은 안동 권씨이니 휘 세달(世達)의 따님이다.

공은 영조(英祖) 계사(癸巳) 십이월(十二月) 구일생(九日生)이다. 어려서부터 행실이 지극하였다. 그 부모님을 모심에 사랑하면서도 헤아려 공경함이 얼굴빛과 말에 넘쳐났다. 십삼세에 아버님 상사(喪事)를 당하였다. 병상을 모시면서부터 잠시도 옷과 띠를 풀지 않고 친히 약을 맛보고 드렸다. 상을 당하매 몹시 슬퍼하여 몸이 여위고 곡하며 뛰는 것이 의젓하여 마치 어른과 같았다. 이때에 중씨(仲氏)[13] 휘 승조(昇朝)가 나이 십세였는데 삼가 마치는 절차를 하나같이 예제(禮制)에 따라 했다.

권부인이 임신한 몸으로 곡하고 흐느낌이 너무 지나쳐 몇 번이나 위태로운 지경에 이르렀다. 공이 울면서 고하였다.

"불초 형제가 있으니 뒷날을 보실 수 있습니다. 또한 어머님께서는 임신하셨으니 다행히 아들을 낳으시게 되면 형제 세 사람이 서로 의지하여 버티고 보존한다면 늘그막 미망(未亡)의 마음을 위로받으실 수 있을 것입니다. 지금 만약 애통함을 이기지 못하시고 혹여 불행하게 되신다면 비록 불초들이 있다 하나 가문의 일을 어찌하오리까. 우러러 종사(宗祀)를 생각하시고 고아된 자식들을 불쌍히 굽어보시사 깊이 마음을 너그럽게 가지고 다만 지키는 방도를 다하는 데 힘쓰십시오."

권부인이 부득이하여 어쩔 수 없이 따랐더니 과연 아들을 낳으니 곧 계씨(季氏)[14] 휘 항조(恒朝)이다.

복을 벗은 뒤에는 더욱 학업에 힘썼다. 한마을에 불량한 무리들이 혹 잡기(雜技)로 유혹하였으나 어머님의 가르침이 매우 엄격하여 삼가 좇아 어기지 않아서 거기에 물들지 않았다.

약관의 나이에 발해(發解)하러 시험장에 나아가려 하였더니 마침 유사(有司)가 불공정하여 시험보는 제도와 강(講)하는 규칙이 이전 규칙에서 온통 변하였다. 공이 조금도 두려워하지 않고 기세있게 강(講)하러 들어갔다. 주시관(主試官)[15]이 그 나이 어림을 사랑스럽게 여겨 장난으로 말하였다.

"만약 통과하지 못하면 마땅히 중벌을 내리겠네."

---

13. 가운데 동생을 가리킨다.
14. 막냇동생을 가리킨다.
15. 시관(試官) 중에서 중심이 되는 사람. 조선시대 시관은 한성시(漢城試)에서는 따로 정하되 향시(鄕試)에서는 관찰사나 수령 중에서 두 명을 정하는 것이 보통이었으나 중앙에서 파견되는 일도 있었다.

공이 대답하였다.

"시험보기 전에 벌을 말하시니 제자(弟子)가 혼란스럽지 않겠습니까."

듣는 사람이 모두 웃었다.

『소학(小學)』에서 한말(漢末)에 제갈량(諸葛亮)이 남양(南陽)에서 몸소 밭을 갈았다는 장(章)을 강(講)하는데, 의미를 풀어내는 것이 매우 자세하니 여러 시관들이 서로 돌아보며 감탄하며 칭찬하였다. 또 제술(製述)을 시험하는데 공이 강릉에 살므로 "천리 강릉을 하루에 돌아갔다(千里江陵一日還)"로 시제(詩題)를 삼고 '능(陵)' 자로 압운자(押韻字)를 삼았다. 공이 듣자마자 바로 시를 지었다.

"가벼운 배에 사흘의 식량도 싣지 않고 봄물이라 사람들은 마치 하늘로 올라가는 듯하네.(輕舟不載三日糧　春水人如天上登)"

또 '승(昇)' 자를 불렀다.

"소상강 지나는 밤에 고기잡이 피리소리 듣고 동정호로 돌아올 때에 해가 오르는 것 보았네.(瀟湘過夜聽漁笛　洞庭歸時看日昇)"

대답하기를 이와 같이 한 것이 십여 구에 이르렀다.

시관들이 놀라서 보며 말했다.

"천재로다. 조자건(曹子建)의 칠보시(七步詩)[16]가 어찌 홀로 저만이 훌륭하다 하겠는가."

아버님 상을 만났을 때 안으로 가까운 친척이 없고 밖으로 일을 맡을 만한 사람이 없어 완전하게 묏자리를 정하지 못했으나 어른이 되어서 정성을 모으고 힘을 쌓아 큰 일을 치러내었다. 정축년(丁丑年)에 어머님 상을 만났는데 염(殮)하는 기구며 장사하고 제사하는 범절에 지극한 정성과 예를 다했고 삼 년 동안 일찍이 최복(衰服)과 질대(絰帶)[17]를 벗어버리지 않았다.

을유(乙酉) 정해(丁亥) 연간에 두 아들이 잇달아 생원시에 합격하였다. 공이 기뻐하면서도 탄식하며 말하였다.

"나는 낙방하여 이룸이 없이 지금은 늙어 흰머리가 되었는데 너희들이 서로 이어서

---

16. 조자건(曹子健)은 위(魏)나라 조조(曹操)의 셋째아들로 이름은 식(植)이다. 자건(子健)은 자(字). 조조가 죽자 큰아들 조비(曹丕)가 즉위하여 동생들을 핍박했는데, 조식을 불러 일곱 걸음 안에 시를 지으라고 하자 조식은 콩깍지를 태워 콩을 볶는 상황으로, 한 부모에서 난 형제들이 서로를 핍박하는 것을 묘사하여 형제간의 아끼는 정을 불러일으켰다고 한다. 이후 '조자건의 칠보시'는 시를 빨리 짓는 솜씨를 가리키는 말로 사용되었다.

17. 최복은 상복(喪服), 질대는 머리와 허리에 띠는 띠.

높은 승리를 마치 주머니 속 물건 찾아오듯 하니 천명이 아님이 없구나."

영화로운 소문이 한고을을 떠들썩하게 하니 너무 가득 차고 성하게 됨을 깊이 경계하여 지금의 이름으로 고쳤다.

임진년(壬辰年, 1832) 이른 봄에 추위를 무릅쓰고 성묘를 했다가 중풍에 걸렸다. 이에 자질(子姪)들에게 말하였다.

"내 나이 이미 육십이니 일찍 죽는 것이라 말할 수 없고 맑은 복을 온정하게 누리는 사람이 거의 드물다. 명년은 곧 나의 회갑이다. 집의 오른쪽으로 한 채를 엮어서 친척과 친구들과 마음을 펼쳐 보고 즐거움을 다하면서 여생을 마쳐 볼까 생각한다. 세상일은 원만히 이루기가 정말로 적은 법이라 이러한 깊은 병을 만난 것이다. 아직 품은 뜻을 이루지 못했으니 이것이 한스러울 뿐이다."

곧 명하여 집짓기를 시작하게 하였다. 유월에 병세가 점점 위독해졌으나 정신과 의식은 흐트러지지 않아서 두 아들에게 경계하였다.

"내 나이 삼십에 재산을 일으켜서 쌓아둔 것이 매우 많으나 마음좋게 손수 흩어 베풀지 않은 것은 너희들이 본 바대로이다. 전에 범려(范蠡)[18]가 재산을 세 번 이루어 세 번 흩었다 하였으니 그 지혜는 따라갈 수가 없거니와 무릇 사람들이 재산을 일으키는데 있어 올바른 도리에 따르면 일어나고 도리를 거스르면 망한다. 사람이 나눠서 흩어 주지 않는다면 하늘이 반드시 흩어버릴 것이고 하늘이 만약 흩어버린다면 먼저 화를 내릴 것이니 삼가지 않을 수 있겠느냐."

드디어 수천금을 가난한 친족과 친구에게 나누어 주어 구휼(救恤)하였다. 또 새로 지은 집에다 도연명의 "친척과 정다운 애기 나누며 기뻐한다(悅親戚之情話)"는 뜻을 취하여 편액을 '열화당(悅話堂)'이라 하였다.

곡진하게 유언을 남기면서 조그마한 일들은 하나도 언급하지 않았다. 붓과 연적을 가져오라고 명하니 이때는 이미 혀가 굳어 말로 하지 못하고 손가락으로 "풀은 왕손의 동산에 푸르고 봄은 처사의 땅에 깊었네"[19]라는 글을 썼다. 이 달 이십일 신시(申時)에 정침(正寢)에서 생을 마치었다.

처음에는 부(府)의 남쪽 옥천현(玉川縣) 정토암(淨土庵) 서쪽 비탈에 장사지냈다가

---

18. 중국 춘추시대 월왕 구천(句踐)을 도와 오왕 부차(夫差)를 격파한 재상. 공을 이룬 후에는 다른 나라로 가서 상인이 되어 만금을 모으면 흩어서 가난한 사람들을 구제하기를 세 차례나 했다고 한다. 이때의 이름은 도주공(陶朱公)이라고도 한다.
19. 아마도 자신의 일생을 평가한 글인 듯하다. 첫째구의 왕손 운운은 전주 이씨로서 번성한 가문을 이룩함을, 둘째구의 처사 운운은 과거에 급제하지 못하여 벼슬하지 않고 처사로 지냈음을 가리킨다.

나중에 부(府)의 북쪽 대전부자(大田負子)의 땅으로 이장하였다. 부인은 강릉 박씨로 민도(敏道)의 따님이니 기축년 오월 십일생이고 기미년 시월 삼십일에 돌아가니 묘에 합장하였다.

이남 삼녀를 두었으니 장남은 용구(龍九)요, 차남은 봉구(鳳九)이니 모두 생원시에 합격하였다. 딸은 정서교(鄭序教), 이노윤(李魯綸), 김일연(金一淵)에게 출가하였다. 용구(龍九)의 아들 회숙(會淑)은 현령(縣令)을 지냈고 회원(會源)은 동부승지(同副承旨)를 지냈으며 봉구(鳳九)의 뒤를 이었다. 회숙(會淑)은 자식이 없다. 회원(會源)의 아들 근우(根宇)는 참봉(參奉)을 지냈는데 회숙의 뒤를 이었다. 명우(榠宇)도 참봉을 지냈다. 근우(根宇)의 아들 돈의(燉儀)는 참봉을 지냈으며 또 경의(慶儀)와 현의(顯儀)가 있다. 돈의의 아들로 기재(起載)가 있다. 그 나머지는 다 기록하지 않는다.

공은 성품이 높고도 깨끗하며 의표(儀表)가 단정하고 장중하였다. 이른 나이에 아버지를 잃고 편모를 봉양함에 효도를 지극히 하여 음식 공양에 그 정성을 극진히 하고 몸을 보하는 봉양을 지극히 부지런하게 하여 온종일 곁에 모시고서 마치 어린애가 장난하듯 하였다. 연달아 중씨(仲氏)와 계씨(季氏)의 상을 만나 비통함이 극에 달해 거의 유명을 달리할 뻔하다가 다시 소생하였다. 모부인이 걱정하시다가 몸이 축날까 염려하여 화평한 얼굴로 위로하여 기쁘게 해드렸다. 중씨(仲氏)는 다만 딸만 있고 아들이 없었는데 제수씨가 다행히 임신하고 있었다. 공이 매일 밤 하늘에 "아들을 낳아서 후사를 이어달라" 기도하였더니 과연 아들을 얻는 기쁨을 얻었다. 진실로 우애의 독실함에 신명(神明)이 통한 바 되지 않았다면 어찌 이렇게 될 수 있겠는가. 선조를 모시는 범절에 더욱 힘을 다하였으며 그 마음을 종족과 친우들에게까지 넓혀 즐겁고 화락하게 하여 환심을 얻지 않은 이가 없었다.

좋아하는 사람은 모두가 글 잘하고 고아한 선비들이지 간사하고 아부하는 자들은 일절 용납하지 않았다. 서울에서 교유한 사람도 두세 사람뿐이지만, 모두 사대부들이었다. 형제와 자질(子姪)들 및 종들도 한집에 함께 살았으며 가정이 항상 화목하였다. 여러 번 춘관(春官)에 올랐고 세 번이나 향천(鄕薦)[20]에 올랐으나 일찍이 부탁한 적이 없는데도 요행히 낙점(落點)된 것이서 마침내 이로움이 되지는 못하였다. 비록 그러하나 이것으로 공의 경중을 따지기에는 부족하다.

중년에 과거보는 업을 포기하고 문을 닫고 혼자 거하면서 스스로 몸가짐을 반드시

---

20. 현명한 사람을 군현 단위 지방의 유력자들 모임에서 조정에 추천하여 벼슬을 살게 하는 것으로 흔히 참봉 등의 벼슬을 받았다.

평온하고 온화하며 장중하고 경건하게 하였다. 경(經)과 사(史)와 백가(百家)에 침잠하여 그 의미를 끝까지 캐내었으며 깊은 속뜻까지 잘 이해하였다. 고금의 법률과 전고(典故)[21]에 이르기까지 널리 섭렵하여 두루 통하지 않은 것이 없었다. 시문 짓는 사장(詞章)의 지음에도 여러 체(體)에 솜씨가 있었는데 더욱 율시를 잘했다. 항상 창려(昌黎) 한유(韓愈)의 남산체(南山體)를 더욱 좋아하였다.

선교장의 왼쪽에 둑을 쌓아 물을 가두고 전당련(錢塘蓮)을 심었다. 그 위에다 정자를 두고 편액을 '활래정(活來亭)'이라 하였으니 주자의 시에서 뜻을 취한 것이다. 꽃피는 때 달뜨는 밤에는 지팡이로 거닐면서 모든 것을 얻은 듯하니 사람들이 바다 위의 신선옹(神仙翁)이라 불렀다. 좌우명으로 소강절(邵康節)[22] 선생의 "평생에 눈썹을 찌푸리는 일을 하지 않으면 세상에서 응당 이빨을 가는 사람이 없을 것이다(平生不作皺眉事 世間應無切齒人)"라는 구를 걸어두고, 두 아들에게 훈계하였다.

"'하지 않다'라는 '불(不)'자를 마땅히 '하지 말라'라는 '물(勿)'자로 보고 날마다 보고 또 보아 공력을 얻는다면 이러한 마음의 공력은 자연스럽게 환히 통하는 곳이 있을 것이다."

고아하게 산수를 좋아하여서 국내의 명승지에 발자취를 놓아 구경하여서 거의 모두 다 돌아보았다. 매번 정상에 올라 대해를 바라보며 문득 흠뻑 마시고 시를 지으면서 얽매이지 않고 속세 밖으로 멀리 떠날 생각을 두었다.

지은 바로는 유고(遺稿) 이권(二卷)과 잠영보(簪纓譜) 오권(五卷), 종경도(從經圖) 일권(一卷)이 집안에 갈무리되어 있다.

아아! 공은 효도와 우애가 돈독하고 화목하여 지역에서 모범이 될 수 있었고 시짓기와 국가사업에서도 당세에 쓰임이 될 수 있었는데도 천명과 때가 어그러져 재덕(才德)을 감춘 채 백발이 되도록 들에 있어 마침내 공부한 것을 펴보지 못했다. 이것이 진실로 뜻둔 선비들이 애석해 하는 것이다.

시경에서 말하였다.

"효자(의 孝)는 없어지지 않으니 길이 너희에게 선(善)을 주리로다."

예로부터 덕이 있고도 누리지 못한 자는 보응(報應)이 그 후대에 나타났다. 공의 자손이 번성한 것은 모두 선하게 되라는 가르침을 이었기 때문이니 하늘이 공에게 보응

---

21. 전례(典例)와 고실(故實). 전해오는 예(例).
22. 소옹(邵雍, 1011-1077)은 북송(北宋)의 유학자로 자는 요부(堯夫)이다. 강절(康節)은 시호. 이정(二鄭)과 주자(朱子)에 큰 영향을 미쳤다.

한 것이 없어지지 않으리라. 한때 영화를 탐하고 녹에 연연하며 구차하게 높고 현달함을 취한 자는 돌아보건대 어떻게 되었는가.

나는 공의 집안과 선대부터 친밀함이 이미 돈독하였다. 비록 공의 덕을 눈으로 보지는 못했지만 평소에 흠모하고 추앙함이 아주 깊었다. 또한 돈의군(燉儀君)이 선대를 추모하려는 정성에 감동하여 지금 묘갈명의 부탁에 문사(文辭)가 없어서 쓸 수 없지만 삼가 명(銘)을 쓴다.

"경포호의 북쪽
산이 솟고 물이 휘어든다
처사가 그윽한 거처를
이에 여기에 마련하였네
초동목수들도 오히려 공손하거니
누가 감히 상하게 하겠는가
해마다 드리는 제사는 향기가 높으니
자손에 온갖 복이로세
농사를 앞서 지었으니
풍년은 나중에 하리라
나의 명(銘)은 아첨이 아니니
영세토록 변하지 않으리라"

전(前) 통정대부(通政大夫) 비서원승(祕書院丞) 원임(原任) 규장각(奎章閣) 직각(直閣) 달성(達成) 서만순(徐萬淳) 삼가 찬(撰)한다.

墓碣銘

公諱垕 字伯謙 初諱冕朝 自號鰲隱 全州李氏也. 系出太宗大王第二子孝寧大君靖孝公諱補房 於公爲十二代祖. 四傳而有諱孝彥. 自是屬盡 始通朝籍 蔭仕縣監 簪組相承 代有顯官. 諱景屵 贈領議政完豊府院君. 諱惰 號東隱 吏曹參判 副提學 淸名直節 爲一代名臣. 當光海戊午 抗爭廢母之議. 諱光澔 薦仕別坐 精通理學 世稱花潭先生後一人. 諱集 蔭主簿 寔公高祖也. 曾祖諱冑華 贈吏曹參判. 祖諱乃蕃 壽資嘉善. 世居忠州 幼失所怙 欲慰母夫人衛竿之懷 中年移寓于江陵遯湖村 卽烏竹軒近隣也. 考諱時春 隱德不仕. 妣安東權氏 諱世達女. 公以英祖癸巳十二月九日生. 自幼有至行 其事親也. 婉愉洞屬 溢於色辭. 十三歲丁外憂. 自侍病 暫不解衣帶 親嘗藥餌. 及喪 哀毁哭踊 儼如成人. 時仲氏諱昇朝 年甫十歲 愼終之節 一遵禮制. 權夫人以重身哭泣踰節 幾至危境. 公泣告曰 不肖兄弟 庶可有後. 且慈主有娠 幸得生男 兄弟三人 相依支保 可慰晩景未亡之懷. 而今若不勝哀痛 或至不幸 雖有不肖

輩 其於家事何. 仰念宗祀 俯矜孤子 深自寬 抑務盡保嗇之道. 權夫人不得已勉從 果生男 卽李氏諱恒朝也. 及服闋 益勵課業. 同隣有不逞輩 或以雜技誘導 慈訓甚嚴 恪遵無違 竟不至於浸染. 弱冠發解將赴會圍. 適因有可之不公 試制講規 一變前式. 公少不憚慴 銳意赴講. 主試愛其妙齡 戲曰 若不通當施重罰. 公對曰 試前論罰 不爲弟子之惑乎. 聞者皆笑. 講小學漢末諸葛亮躬耕南陽章 釋義甚悉 諸試官相顧嗟賞. 又試製述 以公居江陵 千里江陵一日還爲題 押陵字. 公應口賦曰 輕舟不載三日糧 春水人如天上登. 又呼昇字 瀟湘過夜聽漁笛 洞庭歸時看日昇. 對之如是者 至十餘句. 試官矍然曰 天才也. 曹子建七步 豈獨專美也. 丁外憂時 內無强近之親 外無任事之人 未得完窆 及成人 積誠蓄力 克襄大事. 丁丑遭內艱 歛襚之具 葬祭之節 極盡誠禮 三年未嘗去衰絰也. 乙酉丁亥之間 二子連中生員試. 公喜而歎曰 余則落拓無成 今至老白首 而爾輩相繼嵬捷 如探囊中物 莫非命也. 以華聞噪一鄉 深誠盈盛 改以今名. 壬辰早春 冒寒省墓 仍嬰風症. 謂字姪曰 吾年已六旬 不可曰夭. 且穩享淸福如吾者幾希. 明年卽吾回甲也. 營構一棟於室右 擬與親戚故舊 敍情盡歡 以終餘生. 世事恒少圓滿 罹此膏肓之疾 未遂其志 是所可恨也. 卽命經始建屋. 至六月 病勢漸劇 而神識不亂. 戒二子曰 余年三十而治產蓄積甚博 不以爲喜手自散施 爾輩所目覩也. 昔范蠡三致三散 其智不可及. 凡人之治產 順理則昌 逆理則亡. 人不散之 天必散之. 天若散之 先降其禍 可不愼哉. 遂以數千金施恤窮族貧交. 又以新築之屋取陶徵士悅親戚情話之義 扁以悅話. 諄諄遺命 至於瑣務細事 一無及焉. 命進筆硯 時已舌强不成言以指畵書 草綠王孫園 春深處士地之句. 是月二十日申時 考終于正寢. 初葬於府南玉川縣淨土庵西麓後移窆于府北大田負子之原. 配江陵朴氏敏道女. 己丑五月十日生 己未十月三十日卒 墓祔. 有二男三女. 男長龍九 次鳳九 俱中生員. 女適丁序敎 李魯綸 金一淵. 龍九男會淑 縣令 會源同副承旨 系鳳九后. 會淑無育 會源男根宇 參奉 系會淑后. 榠宇 參奉. 根宇男燉儀 參奉 慶儀 顯儀. 燉儀男起載 餘不盡錄. 公性高潔 儀表端重. 早年失怙 奉偏母至孝 瀡滫之供 極其誠 扶將之方 極其勤 終日侍側 如嬰兒戲. 連遭仲季氏喪 悲痛之極 幾殊復甦. 慮母夫人疚懷致損 以和顔慰悅. 仲氏但有女而無男 嫂氏幸有娠. 公每夜禱天 以生男 繼後 果得弄璋之喜 苟非友于之篤爲神明所格 曷能致此. 奉先之節 尤致力焉. 推以及於宗黨親友 樂易愷悌 莫不得其歡心. 乃所好皆文雅士 而其回譎諛媚者 一切不容 京洛交遊 不過數三賢士大夫也. 兄弟子姪及童僕 同居一室 家庭之內 常雍穆如也. 屢上春官 三陞鄉薦 未嘗于囑而倖占 故竟不利. 雖然此不足爲公輕重也. 中年廢擧子業. 杜門屛居 自持必平和莊敬 沈潛於經史百家 究其旨義 融解蘊奧. 以至古今律制典故 靡不博涉而傍通. 詞章製作 衆體該妙 尤工於律詩 常好昌黎南山體. 庄左築堤貯水 種錢塘蓮. 置亭於其上 顔以活來 取晦翁詩義也. 花辰月夕 杖屨逍遙以自適 人稱海上仙翁. 座右揭箴 邵康節平生不作皺眉事 世間應無切齒人之句. 戒二子曰 不字當作勿字看看日日 做得工夫 則這箇心力 自然有曉會處矣. 雅喜山水 國內名勝之地 放跡遊衍 歷遍殆盡. 每登絕頂 臨大海 輒痛飮賦詩 翛然有塵外遐想. 所著有遺稿二卷 簪纓譜五卷 從經圖一卷 藏于家. 嗚呼. 公之孝友敦睦 足以儀式於鄉黨 文學經濟 足以需用於當世 而命與時違 韜光晦彩 皓首邱園 未克展施所蘊 此誠志士之所悼惜. 而詩曰 孝子不匱 永錫爾類. 自古有德而不食者 報在其後 公之子孫蕃衍咸承式穀之訓 天之報公 將未艾也. 其視一時貪榮戀祿 苟取隆顯 顧何如哉. 晩淳與公家先契旣篤 雖未及覿德 平素慕仰殊深 且感燉儀君追遠之誠 今於銘墓之託 不容以不文辭 謹爲之銘. 曰

鏡浦之陽 山峙水駛
處士幽宅 乃卜于是
樵牧猶揖 疇敢傷毁

歲薦芬苾 子孫千禩
啚之在前 豊之在後
我銘匪諛 永世不朽

前通政大夫 祕書院丞 原任 奎章閣直閣 達城徐晩淳謹撰

이승지(李承旨) – 경명(景溟) – 의 만사(輓詞)[23] – 기미년(己未年) 정월에 관직에 있다 돌아가시다

아계옹(鵝溪翁)[24] – 이공의 조상 – 과 동은공(東隱公) – 우리 조상 – 은 오래된 가문으로 이름있었는데
동해에서 서로 만나니 옛정이 다시로세
덕화(德化)에 영동 백성은 모두 자녀가 되었고
혼백은 북궐(北闕)에 날아가 벼슬을 사직했네
강에 갈매기 홀로 서서 밝은 달 아래 시름하고
선학(仙鶴)은 외로이 울며 백옥경(白玉京)으로 올라가네
새벽 눈 내리는 고향땅에 눈물 한 줄기 전하오니
백양숲 어느 곳에 붉은 마음의 그 정표(旌表)를 묻으려나

李承旨(景溟)挽(己未正月卒於官)

鵝翁(李公祖)隱老(吾祖)古家聲 瀛海相逢却舊情
化洽東民皆子女 魂飛北闕謝簪纓
江鷗獨立愁明月 仙鶴孤鳴上玉京
曉雪關山傳一涕 白楊何處葬丹旌

활래정(活來亭) 낙성회(落成會)[25]에서 삼가 주자(朱子)의 곡지헌(曲池軒)의 운(韻)에 차운(次韻)하여 – 병자년 칠월 열엿새

23. 죽음을 애도하는 시가.
24. 조선 선조 때의 명신인 이산해(李山海)를 말한다. 자는 여수(汝受), 호는 아계(鵝溪)이다. 한산 이씨로, 이지번(李之番)의 아들이며 이지함(李之函)의 조카이다. 1590년 영의정에 올랐다가 임진왜란이 일어나자 나라를 그르치게 했다는 탄핵을 받고 파면되었다. 이후 1600년 다시 영의정이 되었다. 동인에서 북인으로 다시 대북(大北)의 영수로 있었다.
25. 공사를 다 이룬 후 여는 잔치.

짧은 버들 울창하게 대나무 숲을 둘러 있어
바람에 푸릇푸릇 연못에 비취누나
참된 근원 흘러오니 염계(濂溪)[26]의 물을 얻었고
뛰어난 품종 재배하니 태을(太乙)[27]의 향을 보내 오네
난간 아래 고기가 뻐끔이니 가는 물결 일어나고
비 그친 후 벌레소리 서늘함을 보내는데
태평세월에 부질없이 강호의 객이 되어
술 마시고 노래 부르며 여기 오르니 세월만 길구나

活來亭落成會 敬次朱晦菴曲池軒韻(丙子七月旣望)

短柳叢叢匝秀篁　引風交翠映回塘
眞源瀉得濂溪水　異品栽來太乙香
檻底魚吹生細浪　雨餘蟲語送微涼
明時謾作烟霞客　歌酒登臨歲月長

병술년 칠월 열엿새에 이사또와 함께 경포호에서 뱃놀이하며

물안개 낀 가을 강에 적벽(赤壁)의 피리소리[28] 나니
신선을 불러 함께 훨훨 날아 볼까
구슬 같은 바람소리와 갈대에 비친 달이 함께 맑으니
경포호 수면에 꽃 같은 얼굴은 모두 다 아름답구나
밤이 되니 물고기와 용은 먼 포구에 노닐고
난(鸞)과 학(鶴)이 높은 하늘에서 내려오네
날렵한 누각 바로 옆에 신선의 배가 머무니
이곳이 인간세상의 광한교(廣漢橋)가 아닌가

---

26. 염계(濂溪)는 송대의 철학자 주돈이(周敦頤)가 살던 곳이다. 여기서는 주돈이에게서 주희까지 이어지는 도맥을 염두에 두고 이야기하고 있다.
27. 약초 이름. 태일(太一).
28. 적벽(赤壁)은 소동파가 벗들과 놀고 나서 지은 「전후적벽부(前後赤壁賦)」의 무대로, 적벽의 피리소리란 「전적벽부(前赤壁賦)」에서 소동파와 함께 뱃놀이하던 객이 가을밤 강 경치를 바라보며 별안간 슬픈 피리소리를 낸 것을 가리킨다.

丙戌七月旣望 同李知府泛鏡湖

白露秋江赤壁簫 招招羽客共飄飄
璇風荻月雙淸好 鏡面花容一色嬌
盡日魚龍遊極浦 叢宵鸞鶴下重霄
飛樓咫尺仙丹泊 疑是人間廣漢橋

삼가 경상감사(慶尙監司) 조공(趙公)－인영(寅永)[29]－께 부치다

작은 누각이 봄날이라 고요한데
그윽한 새만이 꽃가지에 올라앉네
금절(錦節)[30]의 풍류는 높은데
바둑판엔 세월만 느리다
멀리 낙동강 돛배를 생각하고
경포호의 술잔을 추억하네
붓을 잡고 깊이 읊으며 앉았노라니
쌓인 회포는 시로 표현할 겨를이 없네

奉寄嶺伯趙公(寅永)

小亭春晝寂 幽鳥上花枝
錦節風流遠 楸枰歲月遲
遙知洛東帆 回憶鏡湖巵
把筆沈吟坐 積懷不暇詩

정해년(丁亥年) 구월 이십사일은 곧 왕세손(王世孫)이 탄강(誕降)하셔서 마침 높으신 이름을 드린 경사로 증광감시(增廣監試)[31] 회시(會試)를 하였다. 작은 아들 봉구(鳳九)가 다행히 참여하였으니 그 형인 용구(龍九)와 해를 걸러 계속 등

29. 조선 헌종 때의 대신으로 자는 희경(羲卿), 호는 운석(雲石), 시호는 문충(文忠)이다. 본관은 풍양(豊壤)으로 만영(萬永)의 동생이다. 풍양 조씨 세도의 중심인물로 영의정을 네 번이나 지냈고 문명(文名)이 높았다. 오은(鰲隱) 이면조(李冕朝)와 교류가 깊어 「활래정기(活來亭記)」를 썼다.
30. 비단 주머니 속에 든 부절(符節). 수나라 이후로 의장용(儀仗用)으로 사용했다.
31. 조선시대에 나라에 경사가 있을 때 보이던 임시 과거. 삼 년마다 한 번씩 보이던 식년시(式年試)와 형식과 절차는 거의 같았으나 부정기적이었다.

과한 것이다. 그 해 동지달 십일일에 문희연(聞喜讌)[32]에서 읊다.

부모가 이미 늙었으니 기쁜 얼굴 배나 더한데
무늬옷과 앵삼(鶯衫)[33]이 한빛으로 아롱무늬구나
집 문앞이 적막한 지 삼대나 후에
급제의 영광이 이태 만에 또 있었네
붉은 구름 이는 북궐에서 연꽃 두건(頭巾) 이고 물러나와
흰눈 내리는 관동에 보배로운 피리소리가 돌아오네(시월에 급제자 증서를 주었기 때문에 이렇게 말했다)
두 아들 나를 영화롭게 했는데 나는 그러하지 못했으니
소리없이 흐르는 눈물 견디지 못하겠네

歲丁亥九月二十四日 卽王世孫誕降 合當宁尊號慶增廣監試會試也. 季子鳳九幸參 與其兄龍九間年聯登也. 其年至月十一日聞喜讌賦.

爺孃已老倍歡顔 彩服鶯衫一色斑
寂寞門闌三世後 榮光次第二年間
紅雲北闕蓮巾退 白雪東關玉簝還(十月唱榜故云)
二胤榮吾吾未果 不堪餘愴淚潸潸

예안(禮安) 이설서(李說書)[34] - 가순(家淳)이니 학원(學源)이다 -, 안동(安東) 강정언(姜正言) - 운(橒)이니 경하(擎厦)이다 - 과 함께 경포대에 올라 삼가 퇴계선생 현판의 운(韻)을 차운(次韻)하여

빈 골짜기에 기쁘게도 발자국 소리 들리니
금옥처럼 아낄 만한 그대의 소리네[35]
함께 물거울 앞에 이르러

32. 자손이 과거에 급제했을 때 베푸는 잔치.
33. 과거에 급제한 사람에게 축하의 의미로 내려주는 의복.
34. 설서(說書)는 시강원(侍講院) 종육품 벼슬.
35. 원문은 '이음금옥(爾音金玉)'. 『시경(詩經)』의 시구 중에 "너의 소리를 쇠나 옥으로 만든 악기소리처럼 아껴라"라는 의미의 '금옥이음(金玉爾音)'이 있다. 원뜻은 "훌륭한 이야기를 아무 곳에서나 함부로 말하지 말라"이나, 여기서는 '그리운 이의 반가운 발자욱 소리'라는 뜻으로 사용되었다.

환히 마음속을 비춰보니
항주(杭州)의 미인을 대한 듯하니
하물며 군자의 패옥(佩玉) 소리 들음에랴
선생의 후손이 나를 데리고 오니
남기신 필치 천 년의 느낌 있네

與禮安李說書(家淳 學源) 安東姜正言(槱 擊厦) 同登鏡浦臺 敬次退溪先生板上韻.

空谷喜聞跫　爾音金玉愛
共臨水鏡前　洞照靈臺內
如對杭州眉　怳聞君子珮
裔孫携我來　遺筆感千載

해운정(海雲亭)[36]에서 중국사신 공씨(龔氏)－용경(用卿)－의 운(韻)을 차운(次韻)하여

경포호 삼십 리가
삼신산 찾으러 온 중국의 사신과 정말 통했구나
동으로 천층(千層)의 푸른 바다에 잇닿았고
서로 오색의 붉음[37]을 바라보네
석양에 멀리 학이 돌아날고
가을 달에 애처로이 우는 기러기 소리 듣네
비단 부채에 쓴 시의 명성 오래 되었는데
서로 이어 전하기 몇 분 노인이나 거쳤나

海雲亭次龔天使(用卿)韻

鏡湖三十里　能與漢槎通
東接千層碧　西望五色紅
夕陽圍遠鶴　秋月聽哀鴻
錦扇詩聲古　相傳替幾翁

---

36. 강릉시 운정동에 있으며 목조에 기와를 이었다. 조선 중종 25년(1530)에 어촌(漁村) 심언광(沈彥光)이 창건하였는데, 명나라 사신 공용경이 이곳에 와 부채에 그림을 그려 주었으며 중종이 하사한 용연(龍硯)과 양사언(楊士彥)의 필적과 이율곡의 현판이 전하여 온다.
37. 설악산 오색(五色)의 단풍을 가리키는 듯하다.

오죽헌

이곳에서 율곡선생이 일어나셔서
동쪽으론 우리 강릉을 이야기들 한다지
검은 용은 구름 그림자 따라 멀어졌지만[38]
붉은 벼루에 손자욱만 선명하게 남아 있네
좀먹은 종이엔 남기신 가르침이 전해지고
검은 대나무엔 옛 풍류 심겨져 있네
아름다운 이웃이 다행히 바로 옆에 있어
향기로운 가르침 내가 날 때부터 시작되었다네

烏竹軒

從此先生起　天東說我瀛
黑龍雲影遠　紫硯手痕明
蠹紙垂遺訓　烏篁樹古風
芳隣幸相接　薰炙曁吾生

왕세자의 상복을 입는 날에 병으로 곡하는 열(列)에 참예하지 못하고 통곡하면서 회포를 쓰다 – 경인년(庚寅年) 오월 십이일

호화로이 산호(山呼)[39]하며 축하하던 일 누구를 위함이더뇨
흰구름에 학을 타고 가버리시니 슬픔을 이길 길 없네
팔방에서 백성들이 노래 부르는 날에
한 점 별이 사라져 가는 때일세
나라의 운세는 마땅히 근본이 크고도 굳어야 하리니
하늘이 차마 바다를 뽕나무 밭으로야 만들겠나
봄바람이 왕손초(王孫草)[40]에 쉬지 않고 불어서
이로부터 만대(萬代)를 이어가기를 기약하리

---

38. 신사임당이 이이를 잉태할 때 꿈에 용을 보았다고 한다. 오죽헌 내에 몽룡실(夢龍室)이 있다.
39. 백성이 '만세(萬歲)' 혹은 '천세(千歲)'를 불러 임금을 축복하던 일. 한무제(漢武帝)가 숭산(崇山)에 제사 지낼 때 백성들이 만세를 부른 데서 나왔다 한다.
40. 백합과의 다년생 풀. 여기서는 왕가의 후손을 비유했다.

王世子成服日 病未參班 痛哭寫懷(庚寅五月十二日)

華祝山呼向爲誰　白雲鶴馭不勝悲
八方黎首謳歌日　一點前星晦暝時
邦運知應盤泰固　天心忍使海桑移
春風不盡王孫草　從此綿綿萬世期

여러 자질(子姪)들이 아침저녁으로 문안오길래 두 죽은 아우를 생각하며

젊은 시절 색동옷 입고 북당(北堂)[41]에서 뛰어다닐 때는
형 아우 할 것 없이 온집에 즐거움이었지
기러기처럼 날개를 이어[42] 차례대로 셋이 나란히 모여
한가지의 꽃송이들[43] 옥과 보배처럼 나란했지
꽃송이 쓸어간 바람 액겁(厄劫)에 두 혼령 가버리고
상전벽해된 남은 생에 한 그림자만 외롭구나
마주 보는 고니와 머무른 난새처럼 자질(子姪)들이 절하니
늘그막의 슬픔과 기쁨을 감당 못하는 나로세

群子姪晨昏來省 憶二亡弟

青春斑綵北堂趨　難弟難兄滿室娛
聯翅雁行分鼎足　連枝棣萼倂玉珠
風花過刼雙魂去　桑海餘生隻影孤
峙鵠停鸞群子拜　暮年悲喜不堪吾

---

41. 집안에서 어머니가 계신 곳.
42. 원문은 '안행(雁行)'. 기러기가 차례대로 날듯이 형제들이 화목하게 모여 있는 모습을 말한다.
43. 원문은 '체악(棣萼)'. 형제간의 두터운 우애를 만발하여 화미(華美)한 산앵도나무 꽃에 비유했다.

높은 데 올라 더위를 피하다

드문드문 이끼 흔적 난 소롯길로 가노라니
다관(茶罐)과 약로(藥爐)는 가는 곳마다 따라오는구나
온 땅에 퍼진 맑은 그늘에 매미는 오르락내리락
끊어진 다리로 흐르는 물에 버들가지 동으로 서로
이름난 장원(庄園) 꽃과 돌에 여생의 소원을 부치고
평상 하나 거문고와 책에는 예스런 풍류가 있다
돌아오는 길에 들은 농부의 말
올해 농사도 이미 풍년이 들겠다네

높은 데 오른 오늘 마치 하늘에 솟아오른 듯
흰모시 서늘한 적삼에 늦바람을 띠고 있다
경포호에 돌아오는 돛배는 가을빛 속에 있고
선교장(船橋庄)은 마치 그림 가운데 있는 듯
연못에 연꽃은 이미 철지나 노을빛을 띠었고
울타리 무궁화는 처음 피어 석양에 붉은 빛이네
가만히 세상사람들의 식견없음을 웃노니
노래하든 울든 놓아두고 영웅이나 세어 보리라

登高避暑

苔痕剜碧小蹊通　茶罐藥爐隨處同
滿地清陰蟬上下　斷橋流水柳西東
名庄花石酬餘願　一榻琴書有古風
歸路偶聞田叟語　今年年事已占豊

登高此日若憑空　白苧寒衫領晩風
鏡浦歸帆秋色裏　船橋別業盡圖中
池荷已老霞光歛　籬槿初花夕日紅
竊笑世人無識見　任他歌哭算英雄

산석공유고(山石公遺稿)

방해정(放海亭) 상량문(上樑文)

대개 들으니 야자열매에 우주[44]를 담을 수 있고, 겨자씨에 수미산(須彌山)을 넣을 수 있다[45]고 한다. 이치[理]는 마음을 비우고 받아들이는 사람에게 형체가 있는 것은 아니나,[46] 풀어놓으면 육합(六合)[47]을 채우고 도르르 말면 술잔에 감추어진다. 도는 확충(擴充)하는 데에 근본이 있되 근본이 바르고 밝으면 한 마음이 나뉘어 세상의 무한한 시공(時空)[48]이 됨을 본다. 세 가지 가르침은 생기있는 나의 본성을 미루어 나아가니 가까이로는 나의 몸에서 생기를 취하여 성인(聖人)의 학문의 연원(淵源)을 강구함에 있어 자주 물을 가지고 말하였다.[49]

이 삼십 리 경포호는 저 백만 곡(斛)[50]의 물이 흘러 들어와 은빛 파도가 밤낮을 쉬지 않고 흐르니 어찌 여러 강물이 바다로 흘러 모이는 길[51]을 잃어버리겠는가. 콸콸 온갖 시내를 받아들이며 나아가 스스로 한 웅덩이를 이루고, 넘실넘실 천 이랑을 만들며 파도가 쳐 끝내 큰 바다로 돌아가니 없음으로 해서 가지게 되고, 비움으로서 가득차게 된 것이다. 고요하기는 조물주의 공적 같아서 급히 하고자 한 것은 아니나 급히 하고, 가고자 하지 않았으나 가게 된 것이니 본연의 성에 나아간 것이다. 물을 보는 데에 방법이 있으니 도에 비유되었도다. 이것이 나의 정자를 이름하는 이유다.

편안히 나의 소유가 되었으니 거의 전당(錢塘)[52]의 아름다움을 여기서 얻었다. 아득하구나. 예성(濊城)[53]의 변화함이여. 지금 어디에 있는가. 언덕과 시내와 못이 빠르게 변하였으니 용문(龍門)의 장석(匠石)의 신령스러운 도끼가 영묘함을 날린 듯 순식간

44. 원문은 '사륙(四六)'. 육범사성(六凡四聖) 즉 10계(界) 전우주계를 말하는 듯하다.
45. 수미산(須彌山)은 불교에서 세계의 중심에 있다고 하는 산이다. 큰 수미산을 겨자씨에 넣는다는 뜻으로 진리는 대소를 초월함을 말한다.
46. 원문은 '허수(虛受)'. 마음을 비워야 도를 받아들일 수 있다는 의미다.
47. 동서남북상하의 여섯 방위를 포괄한다는 의미에서 온 세계를 가리킨다.
48. 원문은 '진겁(塵劫)'. 영원한 시간과 무한한 공간을 말한다.
49. 맹자가 "공자는 자주 물에 대하여 말하였다(仲尼 稱於水)"고 했다. 공자는 물에서 도의 근원을 읽었다.
50. 곡(斛)은 열 말의 용량을 말한다.
51. 원문은 '조종지로(朝宗之路)'. 여러 강물이 모여 바다로 흐르는 길을 말한다.
52. 중국 절강성(浙江省)에 있는 절강(浙江)의 하류로서 항주만(杭州灣)으로 흐른다.
53. 강릉은 옛 동예(東濊)의 땅이다. 곧 예성은 강릉의 별칭이다.

에 깎아낸 것처럼 흔적도 없이 사라졌구나.[54] '성곽이여, 사람들이여' 한 것은 화표주(華表柱)의 신선이 남긴 이야기가 아닌가마는[55] 어떤 산의 나무와 돌이 부질없이 정위조(精衛鳥)[56]에게 깊은 원한을 품고 있겠는가. 영겁(永劫)을 지나서 상전벽해가 되니 모두 마고선녀(麻姑仙女)[57]의 봄꿈으로 들어가버리는구나.

저절로 경물을 보고 옛날을 생각한다. 아아! 물을 보고 연원을 생각하노라. 오직 저 물가의 난초(蘭草)와 언덕의 지초(芝草)가 끝없이 펼쳐진 모래톱과 붉은 난간 화려한 누각이 아득히 펼쳐진 경관이 채색조개 내뿜는 신기루 같은 기운 속으로 들어간다. 그 수천만 가지 모양은 모두 부처님이 발하는 빛이며 끝없는 부처님의 화신이로다.

대저 사시의 경치는 맑은 기수(沂水)에서 목욕하고[58] 화려한 무늬옷을 입고 물가를 따라 핀 어린 꽃을 따듯 구름은 담박하고 바람은 가벼우니, 솔개와 물고기가 생기를 얻는 것에서 이치를 살핀다.

봄날이 길고 날씨가 따뜻하니 마음은 한가로워 갈매기 백로처럼 세사의 기미를 잊는다.

오월 초가집의 서늘함과 한 조각 양주(楊州)의 흰 달, 성긴 소나무 맑은 소리가 아름다운 숲에서[59] 생황을 연주하는 듯하고 채색 구름과 기이한 봉우리가 물의 도시에 비단을 펼친 듯하다.

가을 바람이 언뜻 부니 화려한 집이 더욱 높고 학의 둥지에 이내가 엉기며 어둠이 초당(草堂)의 나무에 생긴다. 어부의 화로는 불이 꺼지고, 널다리 물가의 밤이 차니 적벽(赤壁)에서 잇달아 놀던 때[60]와 바로 왕휘지(王徽之)가 산음(山陰)에서 흥을 타던 밤[61]

---

54. 『장자(莊子)』에 초나라 사람이 장석에게 흰 진흙을 파리날개만큼 살짝 바르고 깎아내게 하니 도끼를 휘둘러 순식간에 진흙만 없애고 코는 조금도 다치게 하지 않았다는 고사가 있다. 여기서는 그렇게 도끼로 깎아내듯 완전히 변했다는 뜻으로 사용되었다.
55. 한나라 때 요동 사람인 정령위(丁令衛)가 고향을 떠나 영허산(靈虛山)에서 도를 닦아 신선이 되었다가 천 년 만에 학으로 변하여 성문 밖 화표주에 날아와 앉았다는 고사. 여기서는 정령위가 천 년 만에 와서 보고 고향땅이 변한 것을 한탄한 말을 인용하고 있다.
56. 상상의 새. 염제(炎帝)의 딸이 동해에 빠져 변화한 새로 늘 서산(西山)의 나무와 돌을 물어와 동해를 메우려 했으나 뜻을 이루지 못했다 한다. 여기에서는 그렇다고 해서 서산의 나무와 돌이 자신이 옮겨졌다고 해서 정위조를 원망하겠느냐는 뜻이다.
57. 수양산(首陽山)에 산다는 신선. 나중에는 도술부리는 신선의 대명사가 되었다. 마고할미.
58. 『논어(論語)』에 나오는 고사. 공자가 제자들에게 소원을 물었을 때 증점(曾點)이 봄날 몇 사람과 함께 기수에 가서 목욕하고 바람을 쐬고 돌아오겠다고 한 데서 나왔다.
59. 원문은 '경림(瓊林)'. 송대에 진사에 급제한 사람에게 위에서 잔치를 베풀어 주던 곳이다.
60. 송나라 소식(蘇軾)이 적벽강(赤壁江)에서 뱃놀이하던 고사.

과 가깝다.

얼음이 어룡의 소굴을 막고 아름다운 조개 궁궐 진주 궁궐에 눈이 난새[62] 봉황새의 가지를 누르며 은빛 꽃과 옥 같은 나무가 새 것이 와서 묵은 것을 대신하는 한결 같은 이치를 어루만진다.

고금을 열람해보니 인생백년에 예로부터 천하에 견줄 데가 없다고 칭찬하였으니 다만 관동의 제일일 뿐만이 아니다.

나 같은 자는 줄과 부들이 자라는 먼 곳에 자취를 두었고, 가죽나무 상수리나무처럼 쓸모없는 재목[63]으로 『도덕경(道德經)』 오천언(五千言)을 받아 노자(老子)를 가까이 하였으며 『황극경세서(皇極經世書)』[64] 만팔백 책(策)을 서술하여 스스로 요부(堯夫)[66]에게 바쳤다. 행장을 차려 일찍이 무이산(武夷山)[66]에서 즐겼으며 거문고와 서적, 공명을 남 몰래 비웃었다. 대저 선교(仙橋)에 올라 사마(駟馬)[67]에 술을 싣고 하인으로 하여금 가래를 메고 따르게 하면서 세상을 물거품이라 치부하고[68] 돌로 양치질하고 샘을 베고 누워[69] 평생 산을 떠다니는 것을 즐겼다.

일찍이 조열도(趙閱道)[70]는 학을 이끌고 놀았으며, 달밤에 도징군(陶徵君)[71]은 꿩과 거리낌이 없이 지냈다. 한 굽이 감호(鑑湖)[72]에서 감히 사명광객(四明狂客)[73]이 칙사받

---

61. 『세설신어(世說新語)』에 나오는 동진(東晉)의 왕휘지(王徽之)의 고사. 그가 산음에 살 때 어느 날 눈이 내리는 것을 보고 섬현(剡縣)에 사는 친구 대규(戴逵)가 생각나 하룻밤 동안 배를 타고 가다가 그 흥이 다하자 대규를 만나지 않고 돌아왔다. 사람들이 왜 만나지 않았느냐고 묻자 "나는 흥을 타고 갔다가 흥이 다하자 돌아왔을 뿐이니 내가 왜 굳이 대규를 만나야만 하는가"라고 대답했다고 한다.
62. 난(鸞)은 봉황의 일종.
63. 잎은 냄새가 이상하고 재목은 옹이가 많아 쓸모가 없으므로 아무 소용이 없는 사람을 비유한다.
64. 북송(北宋)의 유학자(儒學者) 소옹(邵雍)의 책으로 총 12권이다. 『주역(周易)』에 의거하여 그의 철학을 기술하였다.
65. 소옹(邵雍)의 자(字).
66. 중국 복건성(福建省)에 있는 산 이름으로 송나라 주희(朱熹)가 일찍이 이곳에 무이정사(武夷精舍)를 짓고 제자들을 길러냈다.
67. 네 마리 말이 끄는 수레나 그 말.
68. 진나라 유령(劉伶)의 고사. 그는 완적(阮籍) 등과 의기가 투합하여 죽림칠현(竹林七賢)의 한 사람이 되었다. 그는 밖에 외출할 때는 반드시 하인에게 가래를 들려 뒤따르게 하면서 자신이 죽으면 바로 그 자리에 파묻도록 말했다고 한다.
69. 수석침류(漱石枕流). 흐르는 물로 양치질하고 돌로 베개를 삼는다고 하여야 할 것을 돌로 양치질하고 흐르는 물로 베개로 삼는다고 잘못 말하고서도 억지로 옳다고 그럴 듯이 꾸며대는 것으로서 승벽(勝癖)이 대단함을 이른다.
70. 열도(閱道)는 송나라 조변(趙抃)의 자(字).
71. 징군(徵君)은 조정에서 부른 학덕이 높은 선비로 여기서는 도연명을 가리킨다.

던 일을 바랐고, 천 년을 화악에서 살았어도 희이자(希夷子)[74]가 특별히 봉함 받던 일을 아직 입지는 못하였다.

드디어 몇 간의 서까래를 얽어 스스로 한 골짜기의 아름다움을 오로지 차지하고, 위로는 지붕을 아래에는 들보를 두어 대장괘(大壯卦)[75]의 상을 나타내었고 이층 누각에 벽을 겹으로 하여 집을 짓는 모습을 다하였다.[76] 천자의 궁전[77]을 등에 지고 새바위[78]와 마주하여 방위의 바름도 잃지 않았다. 봉래산을 끌어당겨 선실(仙室)[79]을 굽어보니 어찌 어느 것이 좋다 나쁘다 평가할 수 있는 것이겠는가. 자연스럽게 화려한 수식(修飾)을 제거하니 황홀하기가 마치 원만(圓滿)의 상(象)[80]을 드러내는 듯하였다.

이 정자에 오르니 맑은 거울이 마음을 비추고 하늘 빛이 구름 그림자와 함께 배회하여 지척에서도 성인의 마음을 보겠으니 이 사람을 백이(伯夷)와 같은 맑은 사람이라 하겠구나. 더러운 진흙에서 솟아나도 군자가 사랑하였으니 주염계(周濂溪)의 「애련설(愛蓮說)」[81]과 더불 만하다.

옥 같은 바다가 바로 내 앞에 펼쳐지니 천추(天樞)[82]를 열람하여 제외됨이 없고 은하수가 띠처럼 가로질러 별들을 끌어당기며 하늘 가운데에 있다. 오색 노을 속의 삼신산이 자라 머리를 밟고 섭렵하고 있으며 만 리 긴 바람에 붕새 등을 타고 소요하노라. 이내와 구름이 긴 하늘에서 거두어지고 석양은 대지에서 빠르게 날고 산하는 텅 빈 그림자 속에서 움직이고 밝은 달은 홀로 오랜 하늘에 떠 있다.

한가하고 한가하구나. 어진 자 지혜로운 자는 한 푼을 쓰지 않고도 자연을 사며, 삼공(三公)[83]의 영광을 준다 해도 바꾸지 않네. 아! 호수와 산은 본래 주인이 없으니 진

72. 호수 이름. 여기에서는 경포호를 말한다.
73. 당나라 하지장(賀知章)의 호(號).
74. 송대의 저명한 도교학자로 이름은 진전(陳拴)이다. 희이자(希夷子)는 봉호(封號). 잠깐 잠든 사이에 도를 깨쳤다고 하며 희이주를 담궈 먹고 오래 살았다고 한다.
75. 주역(周易)의 괘(卦) 이름.
76. 이 문장 다음에 '而吓營室之躩'라는 문장이 있는데 '吓'과 '躩'가 오자인 듯하다. 뜻 미상.
77. 원문은 '난전(鸞殿)'. 천자(天子)의 궁전을 말한다.
78. 방해정에서 보아 경포호의 한가운데 떠 있는 몇 개의 바위 중 하나이다.
79. 신선이 사는 곳.
80. 원만은 부처님이 둥글고 가득 차있는 듯한 모습을 가진 것을 가리킨 것으로 바로 이 세계가 그렇게 완결되고 완전한 형태를 가진다는 것을 가리킨다.
81. 주염계가 연꽃이 왜 사랑할 만한가에 대해서 지은 글. 그 중에 더러운 진흙 속에서 살면서도 깨끗함을 잃지 않은 점이 훌륭하다는 대목이 나온다.
82. 북두칠성의 첫째별.

실로 마땅히 날마다 높이 오르는 자의 소유로다. 누각이란 곧 여관과 같으니 어찌 뒤에 와서 다투어 빼앗을까 근심하겠는가.

이덕유(李德裕)의 유손(遺孫)이 다만 능히 평천장(平泉莊)[84]의 경계를 지키고 장거정(張居正)[85]이 객을 사양하던 일이 어찌 족히 삼조(三詔)의 정자를 일으키기에 합당하겠는가. 다만 언덕과 골짜기의 변천을 슬퍼하고 한수(漢水)에 비석을 빠뜨리던 객을 비웃으니 담장의 굳건함을 근심하지 않고 다시 분양(汾陽)에서 판(板)을 건축하던 공교로움에 부끄러워한다.

한가로이 천지의 넓고 아득함을 보고 빙그레 웃고 경물(景物)의 변천에 애오라지 천고의 느낌을 붙여 드디어 여섯 방위의 시를 짓는다.

아랑위(兒郞偉),[86] 들보 동쪽에 국수를 던지니
울릉 외로운 섬이 아득한 가운데 있구나
때로 생황(笙簧) 피리의 곡조 들리다가 새벽에 그치고
바닷가 몇몇 봉우리엔 푸른빛 다함이 없도다

아랑위, 들보 서쪽에 국수를 던지니
첩첩 산봉우리와 빙둘린 산들이 하늘과 나란하구나.
생겼다 없어지는 외로운 이내 멀리 나무에서 생기고
새파랗게 지는 해가 산 아래로 내려가네

아랑위, 들보 남쪽에 국수를 던지네
섬의 대나무 정자의 소나무 남빛처럼 푸르네
은미한 바람에 종과 경쇠 울리는 한산사(寒山寺)[87]
멀리 외로운 중이 새벽 예불에 참여하겠구나.

아랑위, 들보 북쪽에 국수를 던지네
난생천(鸞笙殿) 터, 풀은 베를 짤 듯 길고

---

83. 재상의 지위에 해당하는 세 가지 벼슬. 시대에 따라 그 명칭들이 각기 달라졌다.
84. 주 4 참조.
85. 장거정(張居正)은 명나라의 정치가. 신종(神宗) 때 십 년 동안 재상을 지냈다.
86. 아랑위(兒郞偉)는 외치는 소리를 묘사한 말이다.
87. 중국의 남경(南京) 근처에 있다는 절.

네 신선은[88] 한번 가더니 지금은 어디 있나.
단약 빚던 아궁이엔 바람만 서늘하고 불기운이 없네.

아랑위, 들보 위에 국수를 던지네.
오색 구름 열리는 곳, 근엄한 신선의 모습
옥루 지척이나 더위잡고 오르지 못하여
미인을 바라보니 슬프기만 하구나.

아랑위, 들보 아래에 국수를 던지네
목란 배 계수나무 노 저어 물결을 따르는 이
누가 이 몸으로 밝은 거울 속에 있게 했나
백발 삼천 길이 물 속에 쏟아지네.

엎드려 바라건대 들보를 올린 후에 땅의 영령이 모여 아름답고 참됨이 흐르게 하소서. 유자(儒者)들이 나와 원류를 인도하고, 어진 자손들이 남은 은택을 서로 이어받아, 아비가 업을 시작하고 자식이 계승하듯 맑고 깨끗한 조상의 덕업을 지키어 사람에게 거울이 되고 물에 거울이 되어 도학의 정통을 이어받기를 힘쓰게 하소서. 물러나서는 강호의 근심거리가 있을지언정 홀로 맑은 조정[89]에 서지 아니하고 낭묘(廊廟)[90]에서 살아 요순의 세상을 만나 함께 태평세상[91]에서 즐기기를 바라노라. 춘대(春臺) 산석옹(山石翁)이 스스로 서술한 글이니 방해정은 불후의 자취이리라.

기미년(己未年) 중추(仲秋)에 쓰다.

放海亭上樑文

蓋聞椰子容四六 芥子納須彌. 理無形 於虛受 放則盈六合 卷則藏杯棬. 道有本於擴充 本諸正明 觀一心 分爲世刼塵. 三敎推吾性之活潑 近取諸身 講聖學之淵源 亟稱於水. 唯此三十里鏡浦 注彼百萬斛 銀濤不舍晝夜而流 詎失朝宗之路. 混混受百川 進自成一科 汪汪作千頃波 終歸大海 卽無而有 卽虛而實. 寂若化者之功 不疾而速 不將而行 就諸本然之性. 觀有術也 喩諸道哉. 所以名吾之亭. 居然爲我之有 殆乎錢塘之佳麗 於此得來. 然矣. 濊城之繁華而今安在. 邱陵川澤之倏變 龍門之神斧揚靈.

---

88. 신라시대 영랑호(永朗湖)에 놀러 왔었다는 네 사람의 신선. 영랑호는 이들 중 하나인 영랑(永郎)의 이름을 따서 지은 것이다.
89. 원문은 '청조(淸朝)'. 청명(淸明)한 조정이라는 뜻으로 당대 조정을 찬양하여 부르는 말이다.
90. 조정의 대정(大政)을 보살피는 전사(殿舍).
91. 원문은 '수역(壽域)'. 인수(仁壽)의 영역(領域)이란 뜻으로 태평한 세상을 이른다.

城郭人民之云 非鶴柱之仙偈遺箸 何山木石 徒含精衛之深冤. 過刧桑田 盡八麻姑之春夢. 自然覽物而懷古. 猗歟. 觀水而溯源. 惟彼汀蘭岸芝 無邊之洲 朱欄畵閣 迷望之際 境入彩蜃之噓氣. 其像萬千石皆瑞佛之放光 化身百億. 若夫四時之景 浴清沂而衣華彩 遵放渚而採若英 雲淡風輕 理察鳶魚之得氣. 春長日暖 心閒鷗鷺之忘機. 五月草閣之寒 一片楊州之白 疎松清韻 奏笙簧於瓊林 彩雲奇峰 列錦繡於水市. 金飈乍動 玉宇彌高 鶴巢烟凝 暝生草堂之樹. 魚篝燈墜 夜冷板橋之磯 追赤壁續遊之辰 正山陰乘興之夜. 冰鎖魚龍之窟 貝闕珠宮 雪壓鸞鳳之枝 銀花玉樹 拊代謝之一理. 閱今古於百年 從古稱天下無雙 非徒爲關東第一. 若余者 菰蒲遐跡 樗櫟散材 受道德五千餘言 親炙柱史 述皇極萬八百策自呈堯夫. 行裝早從於武夷山 琴書功名竊笑. 夫升仙橋 駟馬載以酒 隨以鍤 付世界於泡漚 漱于石 枕于泉 樂平生於流峙. 早年趙閱道携鶴夜月 陶徵君放鷴. 一曲鑑湖 敢望四明客勅賜 千年華岳 未蒙希夷子殊封. 遂構數架之椽 自專一壑之美 上宇下棟 而取大壯之象 重樓複壁 而咔營室之躔. 背鸞殿而向鳥巖 不失子午之正. 把蓬島而頫仙室 奚啻甲乙之間. 天然去雕飾之工 況若現圓滿之象. 登斯亭也澄鑑照靈臺方寸 天光共雲影 徘徊咫尺 而見聖人之心 是謂伯夷清者. 汚泥而出 君子之愛 可與濂翁說乎. 瓊海當衿 閱天樞而無外 銀漢橫帶 攬星斗而居中. 彩霞三山 踏鰲頭而涉躐 長風萬里 駕鵬背而逍遙. 烟雲收於長空 夕陽倏飜於大地 山河轉於虛影 明月獨浮於先天. 優哉. 游哉. 仁者智者 不用一錢而買 莫換三公之榮. 噫湖山本無主人 固當日登臨者所有. 樓觀便如逆旅 豈後來競奪之爲憂. 李德裕之遺孫 倘能守平泉之戒 張居正之謝客 烏足起三詔之亭. 徒悲陵谷之變遷 堪笑漢水沈碑之客. 莫患墻垣之鞏固 還愧汾陽築板之工. 悠然見天地之曠茫 莞爾笑雲物之變幻 聊寓千古之感 遂爲六偉之詩.

兒郞偉 抛樑東 鬱陵孤島渺茫中有時笙管曲終曉海上數峰靑不窮
兒郞偉 抛樑西 重嶂層巒天半齊出沒孤烟生遠樹蒼蒼斜日下山低
兒郞偉 抛樑南 島竹亭松碧似藍微風鍾磬寒山寺遙憶孤僧曉禮參
兒郞偉 抛樑北 鸞笙殿址草如織四仙一去今何在丹竈風凄刧火熄
兒郞偉 抛樑上 五雲開處儼仙仗玉樓咫尺攀不得望美人兮意怊悵
兒郞偉 抛樑下 蘭舟桂槳逐流者誰敎身在明鏡裏白髮三千水中寫

伏願上樑之後 鍾地靈而毓英眞. 儒輩出 導源流而遺澤賢孫相承 若肯構 若肯堂 守清白之祖業 鑑於人 鑑於水 勉道學之嫡傳. 退有江湖之憂 非獨處於淸朝 廊廟生逢堯舜之世 冀同樂於壽域. 春臺山石翁自述之文 放海亭不朽之蹟.

己未中秋

방해정(放海亭) 현판에 쓴 시 - 기미년 중추

멀고 먼 은빛 바다는 호수 물결에 닿아 있고
높은 누각은 호수를 마주하고 낮이나 밤이나 떠 있네
백로 노니는 모래톱은 삼십 리나 뻗어 있고
벽도화(碧桃花)[92]는 천 년을 묵었네
강과 산은 맑고 넓어 배는 달을 향해 가고

하늘과 땅은 맑게 비었으니 객이 누각에 기대어 있네
삼신산(三神山)은 망망하니 그 어느 곳인고
여섯 마리 자라 등어리[93]에 오색 구름 어려 있네

放海亭板上詩(己未仲秋)

迢迢銀海接湖流　高閣當虛日夜浮
白鷺洲分三十里　碧桃花老一千秋
江山清曠舟行月　天地空明客倚樓
瓊島茫茫何處是　六鰲背上五雲收

---

92. 관상용 복숭아나무의 일종으로 푸르고 작은 복숭아가 열리나 먹지는 못한다.
93. 주 7 참조.

활래정(活來亭) 중수기(重修記)

열화재(悅話齋)에서 십몇 무(武)[94]도 떨어지지 않은 곳에 못을 팠다. 못은 네모난 것인데 몇 묘(畝)[95]도 되지 않는다. 마치 북두성을 바라보듯 못 한가운데 돌을 쌓아 섬을 만드니 주먹을 쥐어놓은듯 작기가 되만 하다. 섬의 꼭대기를 평평하게 고르고 정자(亭子)를 앉히니 두세 사람도 다 들어가지 못한다. 둑에서 널판지를 이어 조교(弔橋)[96]를 만들어 오고가게 했다.

이러한 것은 돌아가신 증조부(曾祖父)께서 처음 만드신 것이다. 지금의 눈으로 보자면 그 구조가 화려하지 않고 소박하여 누추한 듯하니 참으로 이것을 통해 검박한 덕을 밝게 나타내어서 우리 후손들에게 남기신 것이다. 그러나 돌아가신 조부님과 아버님은 두 분 다 벼슬길에 계셔 집을 떠나 서울에 사셨으니 그 집이며 정원과 연못을 모두 다 호수와 바다의 쓸쓸한 물가에다 두어 버린 지가 여러 해가 되었다.

생각해보면 나는 어려서 난리를 만나 고향마을로 돌아왔으니 마을은 고향이라 해도 나서 자란 곳은 아니다. 그러나 좋은 꽃들이며 보기 드문 나무들이며 이상하게 생긴 돌이며 훌륭한 샘물은 아직도 남아 있어서, 남아 있는 그것들이 기쁘게 마치 주인을 기다리는 듯하였다. 이 이후로 책을 읽는 틈틈이 문득 시인과 문사(文士)들과 함께 정자와 연못의 가에서 오락가락하면서 술잔을 잡고 시를 지으며 가슴을 열고 마음을 펴 날마다 그렇게 하였다. 그러나 집이 허물어진 것이며 둑이 내려앉고 물이 새는 것을 바라볼 때마다 또한 항상 가슴속에 무엇이 막힌 듯한 적이 진정 하루이틀이 아니었다.

드디어 집안사람과 약속하기를 과도함을 버리고 지나침을 삼가하여 재목을 모으고 기와를 마련하여 옛 초가집을 고쳐 올리기로 하였으나 여러 해가 지나서야 비로소 공사가 끝났다. 이제 와서 비로소 이 정자를 다시 짓는 일을 하게 되었는데 모두들 말하기를 옛날 구조를 따라야지 고치면 안 되니 이것이 조상의 뜻을 잇는 효도라고들 하였다.

---

94. 1무(武)는 반보(半步)로 석 자이다.
95. 6척 사방을 '보(步)', 100보를 '묘(畝)'라 했다. 현재는 약 100m^{2}가 1묘이다.
96. 양쪽 언덕에 줄이나 쇠사슬 따위를 건너 지르고 거기에 의지하여 매단 다리를 말한다.

내가 대답하였다.

"예예. 하지만 아니지요. 전에 평천(平泉)이라는 장원(庄園)과 녹야(綠野)라는 집[97]을 어찌 끝없이 전하고 싶지 않았겠습니까마는 그 전하는 기록을 살펴보건대 한 대(代)도 지내지 못하였으니 꽃과 나무며 대와 돌 들이 정강이에도 자라지 못해서 다른 사람의 손으로 옮겨가 버렸습니다. 지금 우리 집안이 이 정자를 소요한 것이 이미 사오 대(代)를 지내왔으니 보존하고 지켜서 잃어버리지 않는 것이 바로 욕되게 하지 않는 것이 될 것입니다. 그 구조를 살펴 옛것을 바꾸어 새것으로 계획하는 것이 욕되게 하고 욕되게 하지 않는 것과 무슨 상관이 있겠습니까?"

여러 사람들이 드디어 아무 말도 못했다.

이에 그 정자를 옮기고 기둥 다섯 개를 세우니 물 위에다 난간을 만든 것이 하나 반이요 언덕에 대어 아궁이를 만든 것이 둘이요 왼쪽과 오른쪽으로 돌아가면서 굽고 꺾어서 난간을 만든 것이 또 하나 반이다. 옛터에다 다시 대나무를 심어 섬을 그늘로 보호하게 하고 도끼로 바위를 쪼개어 사방으로 둘러 둑을 쌓으니 정자의 아름다운 모습이 물과 구름 사이에 은은히 비춰보였다.

이미 이루어지매 탄식하며 말하였다.

"나의 검소한 덕은 비록 선조께는 미치지 못한다. 그러나 몸소 그 노고를 겪어 부지런히 힘써 후손들에게 남겨주게 되었으니 여기에 또다시 덧붙이지만 않는다면 거의 욕되게 한 것은 아닐 것이다."

짐짓 이것을 써두어 기문(記文)으로 삼는다. 정자의 이름과 경치같은 것은 이미 운석(雲石) 조공(趙公)이 옛날 기문(記文)[98]에서 서술하였으므로 다시 덧말을 보태지 않는다.

갑자년(甲子年) 이월(二月)

活來亭重修記

踞悅話齋不十數武而爲池 池不數畝而方 如仰斗. 築石于池心而爲嶼 拳小如升. 夷其嶼頂而置亭 劣容數三人. 緣隄而承板爲弔橋 以取往來焉. 此乃先曾王父之所創建也. 而以今眼視之 則其制度之不以華而朴陋者 亶由昭示儉德 遺我後昆者也. 然先王父及先大人 皆以遊宦移寓漢師 其第宅園池 一委之于湖海寂寞之濱者 多歷年. 所憶余少小時 遭亂歸于故里 里雖故而非生長之地. 然嘉卉異木怪石靈

97. 당나라 배도(裵度)가 하남성(河南省) 낙양현(洛陽縣) 남쪽에 건축한 당(堂) 이름. 꽃나무를 만 그루나 심었다 한다.

98. 조인영(趙寅永)의 「활래정기(活來亭記)」를 가리킨다.

泉尙留 有存者欣欣然如待主人焉. 自是以後 讀書之暇 輒與騷人墨客逍遙乎亭池之畔 酌酒賦詩 疎襟暢懷 日以爲度. 然顧堂宇之頹弊 隄防之圮洩 亦常常芥滯于胸中者 固非一日也. 遂約家人 去泰戒濫鳩材庀瓦 修葺舊廬 閱屢星霜 而工始訖. 於是 復役于斯亭 僉謂遵舊制而勿改之 斯爲肯構之孝也. 余曰 唯唯否否 昔平泉之庄 綠野之堂 何嘗不欲傳之無窮乎. 觀其傳記 則不再易世 而花木竹石 不脛而趍他氏之手. 今吾之有斯亭 已歷四五世 保守勿失 斯爲無 其觀制之換舊圖新 何關於忝不忝耶. 衆遂無言 乃移其亭 而建五楹 駕水以軒者 爲一之半 枕陂以炕者 居二 循其左右而曲折爲檻者 又居一之半. 復蒔竹於舊址 以蔭護其嶼 斧劈雲根 築堰四圍 而亭之眉目 乃隱映於水雲之間矣. 旣而歎曰 吾之儉德 雖不逮于先 然躬當其勞 以逸遺後 毋使加益 則庶幾無忝乎. 姑書此爲記. 而若夫亭之名義與景色 則雲石趙公 已述於舊記 故不復贅言云爾.

방해정(放海亭) 중수기(重修記)

전에 우리 종조부(從祖父)이신 산석공(山石公)께서는 글과 술로 당시에 이름을 날리셨다. 성품이 산과 물을 좋아하였는데 금강산 설악산 구룡연(九龍淵) 만폭동(萬瀑洞) 같은 뭇 명승(名勝)들은 더욱 사랑하신 곳이니 여러 번 올라가 주제로 하여 시를 지으신 곳이다.

통천(通川)에서 벼슬이 끝나고 돌아오신 후에 비록 서울에 사시면서도 마음은 강호에 두지 않은 적이 없으셨다. 이에 시골 들집 시루봉의 터, 경포호 어구에다 터를 마련해 정자를 짓고 이름붙이기를 '방해정(放海亭)'이라 하였다. 대개 그전 성인이 말씀하신 "근원이 되는 샘물은 그 구덩이를 채워야 앞으로 나아간다(源泉盈科之)"[99]는 뜻을 취한 것이다. 매학정(梅鶴亭)[100]이 그 오른쪽에 날개를 펴고 이웃해 있고 경포대가 서쪽에 우뚝 솟아 기세를 돕고 있다. 강 어구의 고기잡이 등불과 초당(草堂)의 내낀 버들은 동쪽 만(灣)의 남쪽 귀퉁이의 물가에 은은히 비추어 가장 아름다운 풍경이 되었다. 이것이 정자의 대강의 모습이다.

공께서는 또 고아하게 손님을 좋아하시어 매번 앉아서 잔치를 열어 마시길 낮과 밤을 가리지 않으셨다. 상성(商聲)의 곡조를 옮겨 치성(徵聲)의 곡조로 바꾸고[101] 거문고가 싫증나면 육고기로 대신하고 자리를 바꾸어 즐거움을 찾아서 취했다 깨었다 날마다 일상사를 삼아 손과 주인이 피곤함도 잊었으니 공의 풍류와 문채(文采)는 대개 흠모할 만한 것이다. 처음 지어진 것이 이전 기미년(己未年)이니 육십 년 사이에 옛 늙

99. 물의 흐름은 조금이라도 낮은 곳이 있으면 먼저 거기를 가득 채운 뒤에라야 다시 앞으로 나아간다는 뜻이다. 학문은 모든 과정을 차근차근 밟아야 함을 비유하는 말로서 『맹자』에 나온다.
100. 사인(舍人) 김형진(金衡鎭)이 세운 정자로 경포대 북쪽 시루봉의 아래에 있다.
101. 즉, 이 음악의 곡조가 물리면 저 음악으로 바꾼다는 뜻이다.

으신 분들과 남은 분들이 지금까지 그런 말을 넘치도록 하고 있다.

그 후 갑오년(甲午年) 가을에 돌아가신 아버님께서 이 땅에 부임하시어 공무(公務)의 틈에 본채 옆에 거느림 채로 서까래 대여섯 개 정도를 덧붙여 지어서 수행원들이 쉬는 곳으로 삼으셨다. 을사년(乙巳年)에 큰물이 져서 강물이 몰고 지나갔어도 정자만이 홀로 우뚝 서 있었다. 그러나 해가 오래되고 재목도 노후해졌으며 난간도 기울어지고 무너졌다.

나도 또한 항상 밖으로 돌아다니는 일이 많아 신들메가 깨끗한 적이 없었다. 이에 참새들만 더욱 방자해지고 떨기풀만 제멋대로 났으니 오늘과 어제를 돌아보고 느낌이 있어 긴숨만 나온다. 만약 힘을 다하지 않는다면 공의 마음에 맞추지 못할까 걱정이 되었다.

이에 공사재료를 모으고 장인들을 불러서 짓고 고치고 새로 이었는데 몇 달이 지나서야 겨우 일을 마쳤다. 그 규모와 구조는 모두 옛것을 따랐으나 좀더 정밀하게 하고자 하였다. 계단과 계단걸못이며 난간과 창문은 변화시켜 새로 단장하니 전날의 풍경이 의연히 완전히 새로워졌다. 감히 웃어른의 정원을 작게 생각한 것이 아니라 다만 조부님의 옛일을 보존하고 그것에 빛을 더하고자 한 것이다. 아! 내 뒤를 이을 사람은 대대로 바꾸지 말고 뜻을 잇는 마음을 따를 수 있다면 나의 정자는 거의 이 호수와 함께 길이 존재할 것이다.

경신년(庚申年) 칠월(七月)

放海亭重修記

昔我從王父山石府君 以文酒著名當世. 性喜山水 如金剛雪岳九淵萬瀑諸勝 尤其所愛 而屢躡題詠之地也. 自通州解組以後 雖居京師 于意未嘗不在烟雲泉石之間. 乃於鄕墅甑峰之趾 鏡湖之唇拓地 爲亭而顏之曰 放海 盖取先聖所謂源泉盈科之辭義也. 梅鶴之亭 翔其右而接隣 鏡湖之臺 屹于西而助勢 江門漁火 草堂烟柳 隱映於東灣南角之濱 而爲之眉目焉. 此亭之大槪也. 公又雅好客 每坐讌飮 毋問晝夜 商移徵變 絲倦肉代 改席謀懽 醉醒互端 日以爲常 賓主忘疲 公之風流文彩 槪可像慕. 此是創設于舊甲巳未 而六十年間 故老遺氓 尙至今設道津津也. 厥後甲午秋 先府君莅任玆土 公務之暇 添構翼廡五六椽 而以爲從史休憩之所矣. 乙巳大水竟被 河伯驅去 而亭獨嵬然 然年久材老 欄楯傾圮. 余亦常多外游 屨綦鮮 及鳥雀益傲 藂茂自恣. 俯仰今昔 歔戲感慨 若不致力 則恐無以答公之志. 於是乎 鳩工繕徒 經營修葺 歷數月而功始畢. 其規製悉按於舊 而結構則稍圖精密 堦戺軒窓 變渝改粧 舊日風景依然一新 非敢小先人之庭 只欲保祖父之業而潤色之也. 嗟. 我後嗣者 世世無替 克遵紹志 則吾亭庶幾與此湖長存也夫.

龍集上章涒灘梧秋

경농설(鏡農說)

완산 이씨 대인(大人) 근우씨(根宇氏)의 집은 강릉 동쪽에 있다. 자신의 호를 짓기를 경농(鏡農)이라고 하였으니 아마 경포호(鏡浦湖) 위에서 농사를 짓고 싶어서일 것이다. 경포호는 곧 강릉의 명승지요 대부(大夫) 집안이 대대로 살아온 땅이다.

언젠가 나에게 그에 대한 글을 하나 지어달라고 하기에 그에 대하여 이야기한다.

"아! 농사짓는 자는 네 종류의 백성[102]의 하나이다. 그러나 군자가 불행히도 자신의 때를 만나지 못하면 왕왕 밭두둑 사이에 있었으니 예컨대 이윤(伊尹)이 신야(莘野)에서,[103] 제갈공명이 남양(南陽)에서 이렇게 했었다. 그러나 이것을 어찌 자신을 얻었다고 하겠는가.

하물며 대부(大夫)의 집안은 우리 동방의 오래된 가문이다. 왕손(王孫)의 후예로 시(詩)와 예(禮)를 지켜온 가문이며 대대로 벼슬을 이어왔으니 어찌 농사짓는 자들 사이에 숨어 살겠는가. 지금은 천하에 어지러운 일이 많으니 옳은 뜻을 숭상하는 선비들이 선비노릇을 하지 못한다면 공장이와 장사치는 배운 것이 아니니 오직 농사만이 이에 할 수 있을 뿐이다. 대부(大夫)의 마음은 바로 여기에 있었던 것일게다.

나와 대부(大夫)는 사귐이 옅지 아니하다. 그러므로 그에 대해서도 한 마디 해야겠다. 예전에 우리 증조부(曾祖父)이신 충헌공(忠憲公)께서 강릉부를 맡아 다스리셨고 또 관동지방의 감사로 계시면서 경포대(鏡浦臺)를 수리하셨으니 그때의 기문(記文)과 상량문(上樑文)이 아직도 유고(遺稿)에 남아 있다. 그 후에 나의 장인 불운(拂雲) 김공(金公)이 이 고을에 수령이 되어 많은 치적을 남기시니 보리가 세 갈래짜리가 나와 백성들이 그 은덕을 기려 노래를 지어 불렀다. 대개 나는 강릉에 잊지 못할 인연이 있는 셈이다.

지금은 또 대부(大夫)를 위하여 호(號)에 대한 글을 짓고 있으니 어찌 비상한 인연이 아닌가.

그러나 내가 또 바라는 것이 있다. 아들 딸 들을 다 시집장가 보내고 나서 평소에 생각하던 유람을 간다면 말머리는 반드시 먼저 동쪽으로 향할 것이고 동쪽 중에서도 또 반드시 강릉으로 먼저 갈 것이다. 우리 증조부(曾祖夫)와 장인의 남기신 자취를 뵈

---

102. 사농공상(士農工商)을 가리킨다.
103. 은(殷)나라 탕왕(湯王)을 도와 하(夏)나라 걸왕(桀王)을 쳐부수고 은나라를 세운 재상 이윤은 본래 신야란 곳에 은거해서 농사짓던 사람이었다.

읍고 다음에 노저어 대부(大夫) 집 문앞으로 가서 경농(鏡農)이라는 호의 뜻을 이야기 해 주어도 아직 늦지 아니할 것이다. 모르겠다. 대부(大夫)가 다시 동도주인(東都主人)[104]이 되어 주실런지."

해는 임술년(壬戌年) 입춘절(立春節)에 불수자(弗須子) 파증(波澄) 윤영구(尹寗求) 공집(公輯)이 농포초당(農圃草堂) 서편헌(西偏軒)에서 글을 쓰다.

鏡農說

完山李大人根宇氏家 臨瀛之東. 自號曰鏡農 盖欲其農于鏡浦之上. 鏡卽臨瀛之名區 而大夫世居之地也. 日命余有說. 余曰. 嘻. 農四民之一. 然君子不幸不遇於時 迷迷於畝畝之間 如阿衡之於莘 孔明之於南陽是已. 然此豈得已哉. 況大夫我東故家 王孫后裔詩禮家庭 世襲軒冕 豈隱於農者耶. 而今焉天下多事 尙志之士 不於士 工與商 非其所學 則惟農是已. 大夫之意 其在斯歟. 余與大夫交不淺 可以有一言乎. 昔我曾大父忠憲公 使臨瀛府 又按關東藩 修鏡浦之臺 其記文與郞偉之詞 尙在遺稿. 厥后 我岳翁拂雲金公宰此府 多茂績 麥有三岐者 民頌其德而歌之. 盖余於臨瀛有不忘之緣. 今又爲大夫說號 豈不異哉. 然余又有所望. 男女婚嫁已畢 作向平之遊 馬首必先於東 東又必先於臨瀛 拜我曾大父與岳翁遺躅 而一棹至大夫門前 說鏡農之意 尙未晩 未知大夫能復作東都主否.

歲壬戌立春節 弗須子波澄尹寗求公輯 書于
農圃草堂西偏軒

방해정(放海亭)에서 취백(翠白) 권정헌(權定軒)-인식(鱗植)-, 최국포(崔菊圃)-돈성(燉性)-, 회당(檜堂)과 함께-팔월 이십이일에-읊다

가벼운 소매 나부끼며 섬빛을 향하여
작은 배 떴다 잠겼다 마름 향기 스치운다
동풍이 땅을 말아올리니 파도가 검게 뒤집히고
서산의 해 산에 삼키워 누른 안개 토해내네
호수와 바다에 마련해 둔 것은 장차 은거하려 함이니
술잔과 동이로 참으면서 스스로 미치광이처럼 살려 하네
흰머리 늘어지면 사람들은 느끼는 것이 많은 법
늘그막에 시 쓰는 고장으로 찾아왔구려

---

104. 후한(後漢)의 수도 낙양(洛陽)의 주인. 반고(班固)의 「양도부(兩都賦)」에 나오는 가공의 인물. 여기서는 강릉이 동쪽에 있기 때문에 사용하고 있다.

放海亭與翠白權定軒(鱗植) 崔菊圃(燉性) 檜堂吟(八月二十二日)

輕袂飄飄趁島光　小舟浮沒掠菱香
東風捲地波飜黑　西日銜山霧吐黃
湖海經營將欲隱　盃樽消受自任狂
可憐垂白人多感　歲晚來尋翰墨鄉

방해정(放海亭)에서 놀면서 운사(云士) 김만희(金晚喜)-지묵(誌默)-와 함께-십이일에-읊다

호수 기슭 나무와 뜰의 꽃이 태깔이 살아나니
십 년 동안 가꾸어 온 것 한번 보시오
늘리고 고치면서도 선조의 뜻을 이으려 하였고
숨어 살기에 알맞으니 세속의 정서가 아니라오
천 리 멀리 찾아오니 정분이 두터움을 알겠고
지팡이 하나로 나서니 몸이 가벼워짐을 느끼네
강호에서도 맑은 조정 사모함이 있어
때때로 머리 돌려 황제 계신 곳 바라보네

遊放海亭 與云士 金晚喜(誌默)吟(十二日)

岸樹庭花氣色生　請看十載費經營
增修聊繼先人志　合隱方知不世情
千里遠來知誼重　一笻經出覺身輕
江湖亦有淸朝戀　時自回頭望帝城

집으로 돌아온 이튿날 밤 또 활래정(活來亭)에 올라

몇 그루 버드나무가 하늘하늘 물가 정자를 가렸는데
마음도 잊기 쉬운 곳이라 내 모습조차 잊었어라
하늘에 드리운 달을 소리쳐 멈추게 할 수 없고
세상을 미혹시키는 별을 따서 없애버리지 못한다네
술집문은 작아도 큰 술꾼을 들여놓을 수 있고
등나무 그늘 짙어 다시 짙푸른 빛 흐트리고 있구나

근심하는 마음 더욱 깊은데 등불똥 떨어지고
서늘함 타고 죽순이 몇 가닥 뜰에 솟았구나[105]

歸家翌夜 又登活來亭

數柳毿毿掩水亭 易忘情處可忘形
喝難可任垂天月 摘不能除惑世星
酒戶小猶容大白 藤陰密竇散濃靑
竇深悄悄燈花落 也復乘涼數笏庭

호를 고치고 나서 짓다

경수농인(鏡水農人)[106]이라는 호가 나에게 적당하나
음(音)은 오히려 경농당(警聾堂)[107]과 같네
헛된 명예가 이름 아래 따르는 걸 떨어버리고자
방편삼아 편액(扁額)의 제목을 빌려 분수넘게도 자리 옆에 두었네
마음을 알아주는 친구로 관중과 포숙[108] 같은 사이는 없다고 감히 말하지만
서로 찾으며 반가워하기로는 양피옷 입은 사람들[109]이 있다네
애닯도다 묘주(卯酒)[110]로 얼굴엔 봄빛이 넘치건만
끝내 귀밑머리 가득한 서리는 녹일 수 없구나

改號後作

鏡水農人號可當 取音猶合警聾堂
要祛虛譽從名下 權借扁題侈座傍
知己敢言無管鮑 相尋還喜有裘羊
多憐卯酒饒春面 止竟難消滿鬢霜

105. 원문은 '수홀정(數笏庭)'. '홀(笏)'은 '순(筍)'의 오자인 듯하다.
106. 경포호에서 농사짓는 사람이라는 뜻.
107. '귀머거리를 경계한다'라는 의미의 당호(堂號).
108. 춘추전국시대 제나라 환공(桓公)을 도와 나라를 부강하게 한 두 신하로서 장래를 알아보고 어려운 때 대접해 준 친구로 유명하다.
109. 거친 양피옷을 입은 사람들로 은자들을 지칭하는 말이다.
110. 이른 아침 또는 조반 전에 마시는 술.

【船橋莊 所藏品 目錄】※

【조사 경위

필자는 1968년 여름에 구한말 교과서 자료를 탐색 중 선교장에 들러 일부 전적(典籍) 목록을 만들다가 혼자의 힘으로는 어렵다는 것을 느끼고 그냥 귀경했던 것이다. 언젠가는 그 많은 생활문화 자료를 조사할 수 있을 것이라고 기회를 기다렸다. 그러다가 1970년 7월 1일 문화재관리국으로부터 문제 1081-4431로 중요민속자료조사(重要民俗資料調査) 의뢰를 받고 다시 조사할 기회를 갖게 되었다. 우선 대체로 전체의 분량을 파악하고 세부일정과 인원계획을 세우기 위해서 1970년 6월 선교장을 방문하여 전체의 소장유물을 돌아보았다. 이때 독일인 교수 아이커 마이어가 동행했는데, 그는 향약(鄕約)에 대한 자료를 찾고 있었다.

서울로 돌아온 필자는 세부일정과 조사계획을 세웠다. 소장된 생활용구는 최길성(崔吉成), 서화전적(書畵典籍)은 박진주(朴鎭柱)가 나누어 조사하기로 하고 문화재연구실 박대순(朴垈洵), 강릉시 문화계장 홍덕유(洪德裕)의 도움을 받기로 하였다. 특히 박대순은 최길성을, 홍덕유는 박진주를 도와 작업을 진행했다. 실측(實測)은 주남철(朱南哲) 교수, 도판 작성은 장철수(張哲秀)가 도왔다.

조사는 1970년 7월 15일부터 20일까지 걸렸다. 동별당(東別堂) 유물부터 시작하여 안채 · 사랑채 · 활래정(活來亭)의 순서로 부속건물 등의 구석구석까지 모조리 조사대상으로 삼았다. 유물 가운데에 일본이나 중국 등에서 들어온 외래품

※ 이 자료는 崔吉城 · 朴鎭柱 씨가 조사한 「민속자료 조사 보고서」 36호(1971. 12)에서 인용한 것임.

이 있었는데, 이것들도 한말(韓末)과 일제시대의 생활을 반영하는 것이기 때문에 모두 대상으로 삼은 것이다. 다시 말해서 지정 대상만을 골라내기 위한 목적으로 조사하는 것이 아니고 한 시대의 생활문화를 파악하는 데 중점을 두었다. 이러한 것을 거쳐서 지정대상을 선정하고자 한 것이다.

Ⅸ 生活用具

1. 衣服生活 44
2. 飮食生活 264
3. 住生活
   안 채 72
   東別堂 78
   庫間 89
   悅話堂 42
   活來亭 32

계 621

1. 衣服生活(44)
( )는 점수 계

① 冠帽(31)
金冠(五梁冠) 1개
黑笠 1개
갓집 1개
晶纓 2개
晶纓囊 1개
宕巾 2개
戰笠 15개
白笠 1개
虎鬚 4개
中折帽子 2개
실크 해트(silk hat) 1개

② 服(13)
赤綃衣 1개
靑綃衣 1개
雲鶴金環綬 2개
佩玉 1벌(2개)
黑皮靴 1켤레(2)
마른신(갖신) 1켤레(2)
號牌 1개
宕巾桶 1개
홍두깨 1개

2. 飮食生活(264)

① 酒器(22)
酒盒 1벌(6점)
銀酒器 1벌(14점)
술장군 2개

② 茶器(12)
茶桶 1개
四角곱돌주전자 1개
돌주전자 1개
鍮器주전자 1개
곱돌주전자 1(2점)
茶床 3개
茶盤 3개

③ 祭器(87)
祭器접시(中) 20개
편틀 2개
木祭器(大) 16개
木祭器(中) 24개
木祭器(小) 16개
새옹 1(2점)
香爐 1개
香床 1개
龍樽 2개
적틀(炙臺) 1개
祭床 2개

④ 食器 및 飮食製作具(102)
푼주 1개
가마솥 2개
국자 1개
大木版 10개
시루 6개
전골솥 2개
나무食器 20개
찬합 2개
二層찬합 1개

神仙爐 1개
藥果板 1개
도마 1개
암반 2개
참맷돌 4(8점)
茶食板 6개
떡살 6개
떡칼 1개
떡메 1개
석쇠 1개
小盤 16개
食床 1개
체 6개
함지박 2개
쳇다리 2개
절구 1개
공이 1개

⑤ 飲食貯藏用具(41)

장독 26개
자배기 7개
기름병 2개
술병 2개
正宗瓶 2개
채반 2개

3. 住生活

안채(72)

① 안방(50)

열쇠 3개
담뱃대 1개
鯉魚形비 1개
장비 1개
이쑤시개 1개
冠帶箱子 1개
朱函 2개
文匣 3개
雨傘 1개
반닫이 1개
이층창 1개
漆函 2개
行擔 1개
全州李氏世譜函 1개
三層欌 2개
옷장 1개
印章 24개
毛印章 3개

② 대청(7)

뒤주 2개
四方卓子 1개
饌卓子 1개
藥湯罐 1개
藥碾 1(2점)

③ 건넌방(15)

다듬잇돌 1개
다듬잇방망이 1(2점)
홍두깨 1개
函 2개
궤짝 2개
손체경 1개
다리미 1개
돌화로 1개
雙陸말 4개

東別堂(78)

① 대청(14)

神主 1개
香床 1개
香盒 1개
茅沙器 1개
祝板 1개
肖像畵 2개
寫眞 1개
붓 1개
벼루 1개
漆交椅 1개
誌石 3개

② 마루방(50)

의자 3개
空冷式陶枕 1개
木枕 10개
베갯모 1개
案席 2개
長枕 4개
四方板 3개
方席 10개
보료 2개
등메 12개
돗자리 1개
床 1개

③ 온돌방(14)

木筆筒 1개
白磁硯滴 1개
龍硯 1개
硯 1개
벼룻집 2개
書板 1개
白玉담배갑 1개
백통요강 1개
백통唾具 1개
廻轉椅子 1개
竹冊 2개

부채 1개

庫間(89)

① **度量衡具(6)**

되〔升〕 1개

홉〔合〕 1개

말〔斗〕 3개

대저울 1개

② **燈具(36)**

등채 20개

등 13개

燈臺 3개

③ **運搬用具(7)**

가마채 1개

가마발〔簾〕 2개

鞍裝 1개

말굴레 2개

언치 1개

④ **儀章具(3)**

日傘 1개

令旗 1개

太極旗 1개

⑤ **武具(22)**

佩劍 1개

화살 21개

⑥ **其他(15)**

돈궤 1개

遮日 5개

멍석 3개

대〔竹〕 소쿠리 1개

帝釋단지 1개

陶車 2개

암반 1개

보습 1개

悅話堂(42)

① **平床(3)**

② **趣味娛樂(3)**

바둑판 1개

거문고 1개

장고 1개

③ **小盤(1)**

④ **硯床(1)**

⑤ **紋板(3)**

菱花紋板 1개

모란花紋板 1개

紋板 1개

⑥ **나침판(1)**

⑦ **冊箱子(30)**

大 26개

中 3개

小 1개

活來亭(32)

木枕 2개

재떨이 1개

竹椅 1개

椅子 5개

方席 15개

거울 2개

돗자리 2개

小盤 2개

요 2개

船橋莊 藏書畵 目錄

凡例

1. 이 장서 목록은 1970년 8월 1일 현재 선교장의 열화당(悅話堂)과 동별당(東別堂)에 보관되어 있는 모든 서적과 고문서(古文書)와 고서화(古書畵)를 수록하였다.
2. 목록 작성의 편의상 서책명(書册名)은 내제(內題) 또는 권두표첨(卷頭表簽)을 채기(採記)하였다.
3. 판종(版種)은 목판본(木版本)·필사본(筆寫本)·석판본(石版本)·현대활자(現代活字) 등 4종으로 구분하였다.
4. 도서의 분류는 한적분류법(漢籍分類法)에 의하여 분류하였다.
5. 조사방법에 있어서 권책수(卷册數)·삽화(插畵)·판심어미(板心魚尾)·행수(行數)·자수(字數)·반엽거곽(半葉巨郭)의 크기 등 샅샅이 조사하려 했으나, 문화재로 지정키 위한 조사로서 지정에 해당되는 도서가 없는 것으로 사료되어 도서명·책수·판종·기타 등으로 기입하였다.

1. 別集類

( ) 안은 卷册

牧隱集(24) 木版
御製悅心集(1) 石印
藥城集(2) 筆寫
別集(1) 筆寫
鏡花緣(13) 木版
活齋集(4) 木版
靜庵集(4) 木版
神相水鏡集(4) 木版
停雲集(1) 筆寫
選擇集(2) 筆寫
活齋集(4) 木版
香湖先生集(1) 木版
成謹甫先生集(1) 木版
別集(1) 筆寫
菊川壽集(1) 現活
眉山集(7) 現活
晦齋先生文集(5) 木版
梅竹先生文集(2) 木版
艮齋集(6) 木版
貧郭先生文集(2) 現活
雲養續集(1) 現活
李參奉集(2) 木版
山水集(5) 筆寫
白沙集(15) 木版
柳州先生文集(14) 木版
雲養集(5) 現活
韶護堂集(8) 現活
韓客巾集(1) 筆寫
荷亭集(1) 現活
星巖集(4) 木版
星巖集(1) 筆寫
紅蘭小集(1) 木版
星巖丙集(1) 筆寫
月沙集(22) 木版
楓皐集(8) 現活
明齋先生集(26) 木版
隨園集(80) 木版
外庵集(7) 木版
梅月堂集(6) 木版
睡隱集(4) 木版
瓢岩集(1) 木版

2. 文學類

龍飛御天歌(7) 木版
活亭簡帖(16) 筆寫
귀거래사(1) 筆寫
한글(宮體)
隨錄(1) 筆寫
1943年
黃帝內經(4) 石印
寶應元年元著 重刻元符己卯(1159)
初等作文法(1) 現活
隆熙 2年刊
三國志(5) 筆寫
한글
蓮椽雅響(1) 筆寫
濂洛風雅(1) 筆寫
選賦抄(1) 木版
賦雅(1) 筆寫
羅賓孫漂流記(1) 現活
隆熙 2年刊

다니엘석의(1) 現活
大正 2年 11月刊
東原世稿(5) 木版
千字文(2) 石印
海東敬覽(1) 筆寫
要覽(1) 筆寫
良明彙集(5) 筆寫
儷彙(4) 筆寫
繪圖聯齋志異(8) 木版
簡牘精要(2) 木版
繪圖英烈全傳(8) 石印
繡像七俠五義(6) 石印
繡像說唱小八義(12) 石印
增批古文觀止(6) 石印
劍南詩抄(6) 現活
杜律分韻(2) 現活
文選(16) 現活
次鏡花杜五律韻(1) 筆寫
漢語(1) 筆寫
金剛百絕(1) 現活
御定杜陸千選(2) 現活
古文眞寶(1) 筆寫
古文眞寶(4) 木版
國語(4) 木版
東詩叢寶(1) 筆寫
東樊集・大(2) 木版
東樊集・中(2) 筆寫
桂苑筆耕(2) 現活
金陵集(12) 現活
水滸傳語錄(1) 筆寫
續水滸志(28) 木版
可之文(1) 木版
鳴鳳(1) 筆寫
今古奇觀(18) 現活
隋唐演義(20) 現活
精忠演義(20) 現活
西湖佳話(4) 木版
精忠演義(10) 木版
三國誌(20) 木版
文鈔合刻(24) 現活
後五才子征四冠(6) 現活
西周演義(17) 木版
平妖傳(12) 木版
廉承(1) 筆寫
安仁車(1) 現活
隨錄(1) 筆寫
靜一堂遺稿(1) 木版
明義錄(4) 木版
活亭雜錄(1) 筆寫
紫枇軒又綴(8) 現活
東鳴(1) 筆寫
雪心賦(1) 筆寫
金陵摭談(2) 木版
農雲遺稿(4) 現活
完山世稿(4) 木版
悠悠子稿(1) 木版
鰲隱遺稿(3) 木版
箭經(1) 筆寫
鰲隱遺稿(1) 筆寫
三可遺稿(1) 木版
義谷遺稿(1) 現活
潛溪遺稿(1) 木版
竹農遺稿(1) 現活
淸權輯遺(3) 木版
謝氏南征記(1) 筆寫
鰲隱遺稿(3) 筆寫
水滸誌(20) 木版
續水滸誌(10) 現活
大紅袍(10) 木版
紅樓夢(9) 木版
西遊記(6) 筆寫
道書全集(12) 木版
完山世稿(1) 木版
完山世稿(1) 筆寫
穎翁再續藁(3) 現活
說唐前後傳(6) 現活
石頭記(8) 現活
干堂文鈔(2) 現活
風謠續選(1) 木版
楚辭(4) 木版
欽長(1) 筆寫
傳課(1) 筆寫
獨作選(22) 筆寫
瓊林花語(1) 筆寫
玉生烟(1) 筆寫
堯山堂記(28) 現活
家語(3) 木版
東周列國誌(8) 現活
唐代叢書(6) 木版
八家文選(48) 木版
外國竹枝詞(1) 筆寫
外記(1) 筆寫
圖書(52) 現活
長恩窩叢書(32) 現活
瀛奎律髓(12) 現活
磻溪隨錄(14) 現活
三蘇全集(80) 現活
尋常小學(3) 現活
老乞大諺解(2) 現活
善隣唱和翠雲雅集(1) 現活
記言(20) 現活
溟洲讃言(1) 筆寫

雲笈七籤(16) 木版
證治準繩(95) 現活
類方準繩(36) 現活
雪心賦(2) 木版
活來亭簡帖(16) 筆寫

3. 歷史類

歷代君臣圖錄(2) 石印
嘉靖 5年刊
江陵先生案(1) 筆寫
臨瀛討匪小錄(1) 筆寫
上之 32年 乙未刊
麗史(48) 現活
燃黎室記述(3) 筆寫
古今歷代史鑑通要(1) 筆寫
淸安懸還繁補充節目(1) 筆寫
捷錄全編(2) 石印
簪纓譜(4) 筆寫
千歲曆(1) 木版
憲宗朝刊
璿源譜略(1) 木版
列聖誌(13) 木版
家乘(1) 筆寫
東萊博議(4) 木版
關帝寶訓(3) 木版
命理正宗(6) 筆寫
本草綱目(47) 現活
甲戌楔(1) 木版
東國文獻錄(4) 木版
桐巢漫錄(2) 現活
關聖帝君全書(1) 現活
燕山外史(2) 石印
史要聚選(4) 木版
史要聚選(4) 木版
史要聚選(4) 木版
漢東衆饗(1) 筆寫
史略(1) 木版
朝野記聞(2) 筆寫
先生案(1) 筆寫
晩唐(4) 木版
西廟記(4) 筆寫
太平通載(3) 木版
魯史零言(3) 筆寫
泰西新史(1) 現活
陵殿法(3) 木版
朝野僉載(8) 筆寫
關帝事蹟(6) 現活
東洋史(1) 現活
隆熙 2年刊
東西洋歷史(2) 現活
大韓歷史(1) 現活
隆熙 2年 7月刊
金山寺創業宴記(1) 筆寫
金山寺創業宴記(1) 筆寫
金山寺創業宴記·小(1) 筆寫
燃黎室記述集(11) 現活
官話記聞(1) 筆寫
牧民心書(6) 筆寫
牧民攷(2) 筆寫
江陵鄕校實記(1) 木版
江陵鄕賢行錄(1) 木版
慶州邑誌(4) 木版
各陵用下册(1) 筆寫
林公愍公實記(1) 木版
東京誌(3) 木版
宋各臣錄(30) 木版
擇里誌(1) 筆寫
古群山鎭誌(1) 筆寫
史漢統記(16) 木版
漢書(30) 木版
朝野記聞(4) 筆寫
享官都差(1) 筆寫
莊陵誌(2) 筆寫
東國通鑑(6) 木版
海東繹史(6) 木版
北道陵殿誌中故實(1) 筆寫
綱目(80) 木版
東國歷代傳統記(1) 筆寫
通鑑要解(2) 現活
演機新編(3) 木版
闡義略鑑(1) 木版
司馬榜目(1) 木版
漢魏叢書96種(32) 現活
燃黎室記述(32) 筆寫
太平廣記(64) 現活
國朝寶鑑(26) 現活
明紀史本末(23) 現活
史記評林(32) 現活
通鑑輯覽(64) 現活
鴻史(16) 現活
協吉通義(10) 現活
戰國策(7) 現活
國朝人物考(21) 筆寫
綱目(120) 木版
明史(100) 木版
李等重記(1) 筆寫
咸豊 3年軍熙色
萬寶大全(5) 現活
東國勝區錄(1) 筆寫
東寓志(5) 筆寫

4. 易類

周易諺解(5) 木版
周易(14) 木版
周易諺解(5) 木版
周易(14) 木版
周易(7) 木版
焦氏易林(3) 筆寫
周易(2) 木版
易言(2) 筆寫
易經集註(12) 木版
周易(9) 木版
聖學十圖(1) 木版
增删卜易(8) 筆寫

5. 四書類

孟子(1) 現活
論語大全(7) 木版
大學(1) 木版
中庸(1) 木版
孟子(6) 木版
孟子諺解(7) 木版
孟子(7) 木版
中庸(2) 木版
孟子(7) 木版
孟子諺解(7) 木版
大學(1) 木版
大學諺解(1) 木版
中庸諺解(1) 木版
論語(7) 木版
論語諺解(4) 木版
孟子(6) 木版
孟子諺解(7) 木版
孟子(4) 木版
大學中庸合部(1) 木版

6. 字典類

奎章全韻(1) 木版
奎章全韻・大(1) 木版
奎章全韻・中(1) 木版
奎章全韻・小(1) 木版
全韻玉篇(2) 木版
道光庚戌由洞重刊
全韻玉篇(2) 木版
三韻聲彙・中(3) 木版
三韻聲彙・小(6) 木版
隸韻(6) 現活
事文類聚(84) 木版
智囊(3) 筆寫
智囊(3) 木版
事文類聚(53) 木版
字彙(2) 現活
字彙(7) 現活
景岳全書(37) 木版
欽定佩文韻府(60) 石印
智囊(5) 筆寫
增補事類(46) 現活

7. 禮類

禮記(16) 木版
周禮(8) 木版
家禮(4) 木版
家祭雜儀(1) 木版
喪禮抄(2) 木版
儀禮文(1) 筆寫
義路(1) 筆寫
家禮增解(10) 木版
疑禮問解(4) 木版
禮記(12) 木版
喪禮備要(2) 木版

8. 詩文類

李太白詩(1) 現活
唐詩正音輯註(1) 木版
詩傳(10) 木版
詩傳諺解(7) 木版
詩傳諺解(5) 木版
詩傳(5) 木版
詩傳(6) 木版
詩學大成(32) 木版
全唐詩錄(32) 木版
槐堂詩集(1) 木版
詩金剛(1) 現活
于堂詩鈔(1) 現活
全唐詩(6) 木版
青雅詩(1) 筆寫
玉漁洋詩鈔(6) 現活
海西詩鈔(1) 現活
李太白集(8) 現活
李義山詩集(8) 現活
唐詩正音(5) 木版
東野詩集(4) 木版
二十一都懷古詩(1) 筆寫
蓮坡詩鈔(2) 現活
唐詩品彙(15) 木版
大東詩選(6) 現活
素覽詩集(1) 現活
唐詩三百首(2) 現活

藥城詩稿(1) 現活
大唐王維詩(1) 筆寫
珠淵選集(1) 現活
蒲褐詩話(3) 筆寫
東律(1) 筆寫
大明律詩(1) 木版
詩椎(1) 筆寫
紫霞詩集(1) 現活
聯珠詩(1) 筆寫
退溪先生梅花詩帖(1) 現活
靑蓮詩(2) 筆寫
晦山慶壽詩集(1) 現活
玉池唫杜詩(1) 筆寫
玉池唫杜詩(2) 木版
杜草堂詩(4) 筆寫
朱詩雅誦(5) 木版
悟齋詩稿(1) 筆寫
僊稿(1) 筆寫

9. 藝術類

法帖·第十(1) 石印
王獻之草
法帖·第九(1) 石印
王獻之
孔廟置率文碑(1) 石印
隸書
皓首帖(1) 筆寫
李匡師筆千字文
九成宮醴泉銘(1) 石印
世彙珍牘(1) 筆寫
世彙珍牘(1) 筆寫
簡帖·人(1) 筆寫
春窩等帖(1) 筆寫
英純朝
樗林先生遺墨(1) 筆寫
沈銷筆
淸江律賦帖(1) 筆寫
이제신筆
世彙珍寶(1) 筆寫
遺教經精抄帖(1) 石印
王羲之書
趙松雲筆帖(1) 石印
太極圖說
聖教序(1) 石印
黃庭經(1) 石印
聖教帖(1) 石印
顏眞卿筆帖(1) 石印
松雪帖(1) 石印
右軍古詩抄法帖(1) 石印
東書堂集(8) 石印
草書千字文(1) 石印
道光丁未由洞重刊
丹經(1) 筆寫
草書
草簡牘(2) 木版
靈寶畢法(1) 筆寫

10. 術數類

須知要覽(1) 筆寫
太極餘玩(1) 筆寫
解夢要覽(1) 筆寫
滌器神訣(1) 筆寫
通靈編(1) 筆寫
紫微斗數(3) 現活
袁先生祕傳相法(1) 筆寫
涓吉龜鑑(2) 現活
午丑神方(1) 筆寫
滴天髓(2) 木版
文山天道策(1) 筆寫
艷夢諺釋(1) 筆寫

11. 法政類

山林經濟(4) 筆寫
崔南斗著
七事要訣(1) 筆寫
正祖 16年
議案(2) 現活
無冤錄(3) 木版
當丁 20年 丙辰
東匪討論(1) 筆寫
田庄都錄(1) 筆寫
乾隆 55年
玄武發書序(1) 筆寫
崇禎紀元戊申承政降改校
科程(1) 筆寫
俾士麥과 獨逸帝國(1) 現活
大正 11年
濟衆新編(5) 木版
典通綜要(1) 筆寫
三政策(1) 筆寫
制勝(7) 現活
將鑑博議(5) 現活
欽欽新書(6) 筆寫
古靑囊經撮要(1) 筆寫
大典通編(5) 木版
內外官職奉給案(1) 筆寫
天機大要(2) 現活

12. 宗教類

新約全書(1) 現活
隆熙 3年刊
창셰긔(1) 現活
隆熙 2年刊
신약젼서(1) 現活
隆熙 2年刊
性理大全(30) 木版
1卷은 筆寫本

達道(3) 木版
萬法歸宗(6) 筆寫
純陽遺計(1) 筆寫
檀君敎復興經略(1) 現活
寒喧箚錄(3) 木版
儒胥心知(1) 現活

13. 書類

書傳(10) 木版
書傳大全(5) 木版
書傳(8) 木版
書傳(3) 木版
書傳(5) 木版

14. 倫理類

교육월보(2) 現活
隆熙 2年 10月, 隆熙 2年 12月
小學諺解(5) 木版
小學(4) 木版
小學(1) 筆寫
玄修篇(1) 筆寫

15. 樂類

協律大成(1) 筆寫
玄琴譜抄(1) 鐵筆記
大正 15年 松泉著

16. 五經類

義經大全抄(1) 筆寫
五經百篇(5) 木版
經類(1) 筆寫
經書類抄(1) 木版
三道經(1) 現活
明治 45年
莊南華經解(4) 現活
南華經(4) 木版
山海經箋語(4) 木版
句解南華經(5) 木版

17. 醫家類

難經俗解(2) 木版
正統戊介
究奇門(1) 筆寫
寶味(1) 筆寫
素書(1) 筆寫
素書(1) 筆寫
東醫寶鑑(25) 木版
痘科彙編(3) 木版
痘科精義(4) 現活
薛氏醫按(1) 筆寫
外科(1) 現活
鍼炙經驗方(1) 筆寫
醫學入門(19) 木版
醫鑑本草(1) 筆寫
東醫寶鑑(34) 現活

18. 農家類

農器圖譜(6) 木版
花譜(1) 筆寫
增補 蠶桑輯要(1) 木版

19. 地理類

人子須智(1) 現活
地理之應序(1) 筆寫
海國圖說(19) 木版
日本語版
輿地勝覽(5) 現活
地理玄珠(2) 筆寫
星垣正論(3) 筆寫

20. 典祀類

城隍祭祝文(1) 筆寫
壽昌園香炭(1) 筆寫
江陵獻陵華詩畿營分辦汾記
(1) 筆寫

21. 諸子類

焦易(6) 木版
尉繚子(6) 現活
貳經七書歌訣(2) 木版
司馬法(1) 木版
六韜(1) 筆寫

22. 譜錄類

博譜(3) 筆寫
棊譜(2) 筆寫

23. 傳記類

古今傳記(2) 筆寫

24. 書蹟

遠行活來亭(紙本) 가로 50.5㎝, 세로 35㎝. 草書 金岡通官 雪竹稿

詩軸 是三昧境(紙本) 가로 1,936㎝, 세로 51㎝. 卷頭에 海岡 金圭鎭의 水墨山水畵 詩 弗須 蒼史 素覽 石顔 葵園(鄭丙朝) 惺石(崔鍾洛) 緯堂 鏡農(李根宇) 檜堂 松亭 海岡 惺堂(金敦熙)

詩軸 居餘書疎魚(紙本) 가로 1,016㎝, 세로 28㎝. 卷頭에 蒼史의 책거리畵 蘭坨의 墨蘭詩 松里 蘭坨 葵園(鄭丙朝) 蒼史 惺石 學山 鏡農(李根宇)

行書對聯(紙本) 가로 31㎝, 세로 127㎝. 白蓮 池雲英筆(71歲書)

〔原文 : 四海春風花錦繡 一天明月玉欄干〕

行書對聯(紙本) 가로 27㎝, 세로 127㎝. 香壽 丁學教筆

〔原文 : 忠厚留有餘地步 和平養無限善根〕

隸書對聯(紙本) 가로 26㎝, 세로 114㎝. 圭庭 徐承輔筆

〔原文 : 瓦當文延年益壽 銅槃銘富貴吉祥〕

行書對聯(紙本) 가로 31㎝, 세로 133㎝. 詩南 閔丙奭筆

〔原文 : 此地有崇山峻嶺 其人如碧梧翠竹〕

楷書對聯(唐紙) 가로 33.5㎝, 세로 135㎝. 白凡 金九筆

〔原文 : 風送漁舟到岸 雨催樵子還家 大韓民國三十年四月 日 七三歲書〕

隸書對聯(唐紙) 가로 34㎝, 세로 136㎝. 海岡 金圭鎭筆

〔原文 : 擔見華開花落 不計月缺月圓〕

壽筵祝詩軸(紙本) 가로 28.5㎝, 세로 130㎝. 農泉 李丙熙筆

李敖卿參議六十一壽序(絹本) 가로 54㎝, 세로 150㎝. 癸園 鄭丙朝筆

〔原文은 10行, 1行 40字〕 鏡農61壽詩

書屛(絹本) 幅當 가로 42㎝, 세로 150㎝(六曲 六曲 各屛) 惺堂 金敦熙筆

〔내용 南華經 逍遙遊篇 : 時丁丑 九月 二十日爲賀鏡農詞兄華甲之慶書此呈覽〕

詩軸(紙本) 封套入納 83張

詩軸(紙本) 18軸(大破하여 原文未詳)

行書對聯(紙本) 半切 海士 金聲根筆

詩軸(紙本) 27卷

行書對聯(紙本) 丹宇 李容汶筆

25. 畵類

墨竹圖(紙本) 가로 31㎝, 세로 127㎝. 海岡 金圭鎭筆

墨梅圖(紙本) 가로 14㎝, 세로 130㎝. 石蓮 李公愚筆
蘭洲畵帖(紙本) 가로 28㎝, 세로 41.5㎝. 虛舟題(蘭洲者本吾別也)
墨梅 畵鳥(水墨畵)
美人圖(紙本極彩) 가로 27㎝, 세로 42.5㎝. 작자미상 2幅(雙幅)
觀花圖(絹本淡彩) 가로 24㎝, 세로 65.5㎝. 石埭 陳熙畵
狩獵圖(紙本設彩) 가로 46㎝, 세로 42㎝. 작자미상
仙遊圖(絹本極彩) 가로 44.5㎝, 세로 150㎝. 작자미상
墨竹圖(紙本) 가로 51.5㎝, 세로 90㎝. 작자미상(傳峀雲 柳德章筆)
山水二曲屛(絹本) 幅當 가로 38㎝, 세로 138㎝. 白蓮 池雲英畵
牧丹屛(紙本極彩) 가로 40㎝, 세로 137㎝. 작자미상 宮中祭屛으로 極彩 牧丹屛
책거리屛風(紙本設彩) 가로 45.5㎝, 세로 112㎝. 작자미상
月下彈琴圖(紙本) 가로 10㎝, 세로 23㎝. 蕙山 劉淑畵

26. 古文書類

江陵郡官見磨鍊 가로 42㎝, 세로 24.7㎝
江陵郡守李會源白活 가로 35.5㎝, 세로 37㎝
호됴참판최익현상쇼 가로 944㎝, 세로 24.5㎝. 최익현의 상소문을 민비에게 한글로 풀어 써서 올린 것.
布告文 가로 64㎝, 세로 33㎝. 湖西倡義大將成 甲午 11月 初 1日
報告文 가로 38.5㎝, 세로 36㎝. 開國 505年 建陽 2月 日 獻陵令.
勅命 가로 58㎝, 세로 38.7㎝. 光武 4年 1月 13日(勅命之寶印)
任命狀 가로 47㎝, 세로 39㎝. 建陽元年 2月 9日 宮內府大臣 李載冕
閔判書宅奴允福前明文 가로 61.5㎝, 세로 98㎝. 光緖 17年 辛卯 4月 日.
閔輔國宅奴福伊前明文 가로 61.5㎝, 세로 98㎝. 光緖 16年 庚寅 6月 日.
閔判書宅奴巖回前明文 가로 61.5㎝, 세로 98㎝. 光緖 17年 辛卯 8月 日.
簡牘 滄園 洪養冲 外 35卷
活來亭上梁文(2張) 柔兆困敦林鍾月下澣 江陵金啓溫題
奴婢秩 嘉慶 21年 正月 日 江陵府
土塡左闔賦(1張) 가로 41㎝, 세로 80㎝. 萬曆乙卯 幼學 李光澔
教旨 가로 96㎝, 세로 65.5㎝. 乾隆 39年 12月 18日
教旨 가로 75㎝, 세로 53㎝. 乾隆 38年 2月 日
白牌 李垕(生員試)
教旨(2張) 가로 106㎝, 세로 70㎝. 萬曆 42年 8月 24日 萬曆 24年 11月 2日(丙申)

白牌 李龍九(上試 趙寅永)

敎旨 가로 73㎝, 세로 54.3㎝. 咸豊 10年 12月

敎旨 가로 73㎝, 세로 54.3㎝. 咸豊 8年 12月(李祖潢)

敎旨 가로 73㎝, 세로 54.3㎝. 同治 7年 12月(李會淑)

敎旨 가로 73㎝, 세로 54㎝. 道光 14年 9月 21日

敎旨 가로 73㎝, 세로 54㎝. 嘉慶 18年 正月 日

敎旨 가로 88㎝, 세로 47㎝. 道光 20年 3月(李龍九)

白牌(4張, 李龍九 · 李鳳九 生員試)

敎旨 가로 96㎝, 세로 52㎝. 道光 21年 12月 日(李鳳九)

敎旨 가로 86㎝, 세로 68㎝, 咸豊 3年 11月 15日(李鳳九)

活來亭詩帖 金右相 安東人, 字 公世, 號 竹里,
　　　諡 文貞, 仙源后

　金判書 字 君實, 號 石綾, 右相履喬子

　金領相 安東人, 字 景敎, 號 穎樵

　金右相 安東人, 字 景容, 號 穎漁,
　　　領相 金炳學의 弟

世彙珍牘

　南晦隱 李芝村, 崔損窩, 李晦窩

　宋玉吾齋 金竹泉, 李玄祚參判

　趙謙齋

世彙珍牘

　東崗趙相公 沈聖可監司

　李相公曾 明谷崔相公

　姜判書 崔錫恒

　晦窩 金鎭圭判書 宋相琦(判書 玉吾齋), 南晦隱 李濟(判書)

簡帖

　崔明谷 領相(文衡) 南二星

　徐脫靜 領相(文衡) 尹汲(判書)

　李雲谷 · 徐命均(左相) 許穆 · 洪義漢(判書) 宋浚吉 · 吳命恒(右相)

　金尙魯 · 李鳳九 · 宋松石軒(成均) 李西堂(禮曹判書) 尹秉(吏判)

　鄭羽良(右相) 兪拓基(領相) 徐命好(吏判) 李宗城(領相)

　曹彝甫(提學) 趙顯命(領相) 徐京玉(吏判, 提學) 鄭翬良

世彙珍牘

　成渾 庭仁 栗谷 李珥 牛溪 成渾 西堂 金魯敬 南延君 李球 金祖淳

大院君 李昰應

公文書 가로 50㎝, 세로 39㎝(承政院開折)

同治 4年 6月 11日 卯時 啓下 議政府

公文書 가로 43.5㎝, 세로 38.4㎝(承政院開折)

同治 4年 11月 初1日 啓下 議政府

公文書 가로 42㎝, 세로 43㎝(承政院開折)

同治 7年 正月 初9日 啓下 議政府

公文書 가로 82㎝, 세로 39㎝(承政院開折)

同治 7年 3月 30日 啓下 議政府

公文書 가로 45㎝, 세로 43㎝(承政院開折)

同治 7年 7月 21日 啓下 議政府

公文書 가로 54㎝, 세로 43㎝(承政院開折)

同治 7年 7月 26日 啓下 議政府

公文書 가로 52㎝, 세로 43㎝(承政院開折)

同治 7年 12月 7日 啓下 議政府

公文書 가로 68㎝, 세로 37.8㎝(承政院開折)

同治 10年 5月 13日 啓下 議政府

公文書 가로 55㎝, 세로 42.3㎝(承政院開折)

同治 10年 12月 初5日 啓下 議政府

公文書 가로 40㎝, 세로 39㎝(承政院開折)

光緖元年 4月 20日 啓下 議政府

公文書 가로 55㎝, 세로 42㎝(承政院開折)

光緖元年 4月 27日 啓下 議政府

公文書 가로 47㎝, 세로 38㎝(承政院開折)

光緖元年 9月 25日 啓下 議政府

公文書 가로 45.5㎝, 37.8㎝(承政院開折)

光緖元年 11月 22日 啓下 議政府

公文書 가로 58.2㎝, 세로 37㎝(承政院開折)

光緖元年 12月 24日 啓下 議政府

白活書 가로 35.5㎝, 세로 37㎝(筆寫)

江陵郡守 李會源 白活

乙未閏 5月 日 所志

退溪 李滉 服人 李書九

27. 懸板類

船橋莊에는 悅話堂의 扁額을 비롯하여 안채에는 秋史 金正喜書인 '紅葉山居'라 쓰인 扁額과 '活來亭'이라 쓴 海岡 金圭鎭筆 등 수 개의 扁額이 전하고 있다.

【필자 이기서(李起墅)는 1937년 강릉 출생으로,
고려대 국문과를 졸업하고 동 대학원에서 박사학위를 받았다.
고려대 국문과 교수 및 부총장을 역임했다.
저서로는 『한국 현대시 의식연구』, 주요 논문으로
「1930년대 한국시의 의식구조연구」「한국시가가 지니는
상황의 의지화」 등이 있다.】

【주명덕(朱明德)은 1940년생으로, 경희대에서 역사학을 공부했으며
중앙일보 기자를 역임했다. 1966년 「홀트씨 고아원」을 시작으로,
「헌사(獻寫)」「Landscape」「An die photographie」 등
다수의 개인전을 가졌다. 사진집으로 『섞여진 이름들』
『韓國の空間』『포영집(泡影集)』(성철스님 사진집)
『Lost Landscape』『주명덕 초기 사진들』 등이 있다.】

江陵 船橋莊

李起墅 글/朱明德 사진

초판 발행——1980년 7월 20일
개정판1쇄 발행——1996년 9월 10일
개정판2쇄 발행——2004년 12월 1일
발행인——李起雄
발행처——悅話堂
경기도 파주시 교하읍 문발리 520-10 파주출판도시
전화 (031)955-7000, 팩시밀리 (031)955-7010
http://www.youlhwadang.co.kr e-mail: yhdp@youlhwadang.co.kr
등록번호——제10-74호
등록일자——1971년 7월 2일

아트디렉터——정병규
편집——공미경·노동환·박지홍·조중협
북디자인——기영내·이화정
인쇄——(주)로얄프로세스
제책——(주)상지피엔비

* 값은 뒤표지에 있습니다.